Thomas Ring

Tierkreis und menschlicher Organismus

Thomas Ring

Tierkreis und menschlicher Organismus

Ebertin Verlag · Freiburg im Breisgau

CIP-Titelaufnahme der Deutschen Bibliothek

Ring, Thomas:
Tierkreis und menschlicher Organismus / Thomas Ring. –
4. Aufl. – Freiburg im Breisgau: Ebertin, 1988
ISBN 3-87186-049-2

4. Auflage 1988
ISBN 3-87186-049-2
© 1979 by Ebertin Verlag, Freiburg im Breisgau
Alle Rechte vorbehalten
Gesamtherstellung: Rombach GmbH Druck- und Verlagshaus,
Freiburg im Breisgau
Printed in Germany

Inhalt

Unser Thema 5

Widder 21

Stier 25

Zwillinge 29

Krebs 35

Löwe 41

Jungfrau 45

Waage 51

Skorpion 59

Schütze 65

Steinbock 71

Wassermann 77

Fische 81

Das Ergebnis 85

Unser Thema – Tierkreis und menschlicher Organismus – greift in einen naturwissenschaftlichen Bereich hinein. Die Naturwissenschaften haben sich durch intelligente Fragen an die Natur und die Anlage von Experimenten entwickelt, durch welche die Antworten der Natur eindeutig auf die gestellten Fragen bezogen sind. Elemente der Erscheinung konnten dadurch isoliert und ihr Begriff im Gesetz erhärtet werden. Die Kosmobiologie befindet sich demgegenüber in einer eigenartigen Lage. Sie hat es nicht mit einer vom Menschen ausgedachten, sondern sozusagen von der Natur selbst gestellten Experimentalanordnung zu tun. An uns liegt es, die im Kosmogramm gegebene Ordnung zu deuten. Dies heißt also, daß wir stets etwas Komplexes vor uns und nun zu ermitteln haben, worin der Bedeutungszusammenhang der einzelnen Elemente, mit denen wir rechnen, liegt. Unsere Frage an die Natur, welchen Ausschnitt der Lebenswirklichkeit dies oder jenes der herauszulösenden Elemente betrifft, beginnt schon mit der Hypothese eines solchen Zusammenhanges. Diese Hypothese steckt in der Art, wie wir das einzelne deuten und wird durch Erfahrung verifiziert oder verworfen. Denken wir beim Gedeuteten an Entsprechungen, nicht an kausal Bewirktes, so fordert das Thema körperorganischer Entsprechungen des Tierkreises letzten Endes, uns einen Zusammenhang der zugeordneten Organe zu denken, der einerseits mit biologischen und medizinischen Anschauungen vereinbar ist, anderseits sich bei der praktischen Anwendung der Zuordnungstheorie in den individuellen Fällen bewährt. Gelingt uns dies, so haben wir diese Seite der Kosmobiologie der wissenschaftlichen Diskussion zugeführt.

Die gestellte Aufgabe wäre zu eng verstanden, wollten wir ungeduldig an nächstliegende Zwecke denken und aus einer katalogartigen Aufzählung von Organen, eingereiht unter Tierkreiszeichen, gradewegs auf die medizinische Diagnostik zusteuern. Freilich gehört diese zur praktischen Auswertung und liefert die Erfahrungsprobe. Doch zunächst sind einige theoretische Überlegungen zur Klärung des Aufgabenbereiches nötig. Schon die bloße Tatsache, daß ein und dasselbe Element des Meßbildes entsprechungsweise ebensogut ein Organ wie eine Seelenkomponente anzeigt, verweist auf die Lehre von der Leib-Seele-Einheit. Ein erfahrungsmäßiger Beitrag kann hierzu erbracht werden nicht nur im Sinne allgemeiner Bestätigung eines Zusammenhangs, sondern – mit Wahrung der verschiedenen Ausdrucksebene – bestehender Analogien, nachweisbar an einzelnen Übergängen von Leib zu Seele. Diesem Rechnung tragend, lege ich meiner Gesamthypothese die Überstufung von materieller, organischer, seelischer, geistiger Ebene bzw. Schicht zugrunde, wonach jeweils in einer höheren Schicht zur Umbildung kommt, was sich in der darunterliegenden ausgebildet vorfindet. Auf solche Weise theoretisch eingebaut, werden unsere Untersuchungen nicht ohne Bedeutung für die allgemeine Lebenslehre sein. Der psychologische Berater wiederum erlangt ein besseres Verständnis für die seelischen Entsprechungen des Tierkreises, wenn ihm deren organisch-konstitutioneller Unterbau bekannt ist. Im Medizinischen wird sinngemäß das Hauptgewicht auf der Konstitution liegen, also den individuellen Unterschieden der angeborenen Leibesverfassung, mit denen Stützpunkte der Vitalität wie Empfänglichkeit für bestimmte Krankheiten gegeben sind. Schließlich aber wird die praktische Anwendung in der Medizin auch über bloße Diagnostik hinausgreifen. Wenn nämlich erwiesenermaßen leib-seelische Wechselwirkungen statthaben, so liegt darin ebensogut ein Rückwirken von oben nach unten, vom Seelischen auf das Leibliche; bei differenzierter Kenntnis der Übergänge erstellen sich somit Gesichtspunkte für die Förderung des

Heilungsvorganges, für die Erfassung des psychischen Faktors in der Krankheit, bei psychogenen Erkrankungen sogar der richtige Ansatz der Heilung.

Wer mit so umrissenen Erwartungen an die astrologische Überlieferung herangeht, wird wenig befriedigt sein; trotz ehrwürdigen Alters der Lehre vom »kosmischen Menschen«, einer in mythologisierender Zeit zwischen Tierkreis und menschlichem Organismus gesehenen Beziehung, sowie trotz verdienstvoller Bemühungen von Däath, Feerhow, Asboga, Busse und anderen neueren, das Instrument der Zuordnungen zu verfeinern. Unser Unbefriedigtsein betrifft nicht Einzelheiten, sondern den Grundgedanken des Zusammenhangs. In der alten Auffassung wurde der Menschenleib im Kreise herumgelegt, so daß am Widderpunkt der Scheitel ansetzt, der gegenüberliegende Waagepunkt mit den Lenden die Mitte bildet und im Ende des Kreises die Füße wieder den Scheitel berühren. Ein einprägsames Bild – wenn auch in zeichnerischen Darstellungen einige Verzerrungen unterlaufen müssen –, doch ein Bild, das demjenigen wenig sagt, der, wie heute gewohnt, an Organfunktionen denkt. Der Gedanke der Anordnung war ein solcher aufeinanderfolgender Leibesregionen oder -zonen. Demgemäß wird meist summarisch von Kopf, Hals, Schultern usw. gesprochen, ohne Betracht bestimmter Funktionen für das organische Ganze; und wenn die genannten Autoren auf einzelne Organgruppen hinweisen, so war die zugrunde liegende Erfahrung mehr von der Anwesenheit des betreffenden Organs in einer solchen Region bestimmt.

Es gilt, wie in unserem ganzen Arbeitsgebiet, die geschichtlich entstandene Kluft zwischen einer in alten Denkformen erstarrten Astrologie und dem Aufschwung der Naturwissenschaften in den letzten 350 Jahren zu schließen. Wir werden dies nicht durch einzelne Verbesserungen erreichen. Das Zuordnungsschema insgesamt müssen wir vielmehr aus einem neuen Geist erfassen, wofür besonders die Naturphilosophie der Romantik einiges vorgearbeitet hat. Wir brauchen, ohne das Eigenständige der Kosmobiologie aufzugeben, einen der heutigen Gesamtforschung angemessenen Grundgedanken des Zusammenhangs, allgemein zwischen Bios und Kosmos, in unserem engeren Thema eines Zusammenhangs der dem Tierkreis zugewiesenen Organe. Die regionale Einteilung ist ja kein Zusammenhang, sondern eine Aufeinanderfolge. Was daran stimmt, beleuchtet die Aufeinanderfolge der Zeichen als naturgegebene, nicht ideal konstruierte Ordnung. Die Zuweisung der Organe aber wollen wir aus ihrer funktionellen Eigentümlichkeit heraus verstehen, und zwar in Einklang mit dem Zusammenhang, den wir zwischen Bios und Kosmos ganz allgemein sehen, woraus sich bestimmt, was wir uns überhaupt unter Tierkreis vorstellen.

Meine Auffassung der Dinge darf ich aufgrund früherer Veröffentlichungen, vielleicht zum Teil voraussetzen und wiederhole hier nur die hauptsächliche Wendung gegenüber der Einflußtheorie, soweit zu unserem Thema nötig. Kosmische Einflüsse zugestanden, sehe ich das Wesentliche der für uns in Betracht kommenden Erscheinungen, unseren eigentlichen Deutungsbereich, aus der Autonomie des Organischen hervorgegangen. Nicht kosmische Ursachen bewirken demnach diese oder jene fundamentale Lebenserscheinung, sondern Leben ordnet sich ein in den Kosmos. Was die regelmäßig wiederkehrenden Komponenten des kosmischen Eingefügtseins unserer Erde, vornehmlich in das Sonnensystem, als Reiz im Organismus auslösen, enthält die Reizantwort, die für sich genommen eine Sache des schaffenden Lebens ist. Damit begründen wir die Entsprechungen, die aus dem Gestirnbilde deutbar sind, als dem Leben eigentümliche Gestaltungen. Ich möchte hier übrigens bescheiden einflechten, daß dies gar kein von Grund auf neuer Gedanke ist, sondern ein Wiederaufgreifen und Fortführen der alten paracelsischen Auffassung. Fragen wir uns, auf welcher Ebene des Seins unsere Deutungselemente ankern, so kommt dann nicht die materielle Ebene in Betracht, diejenige der physikalisch gesehenen Gestirne, sondern die nächsthöhere, die organische Ebene. Das Gestirn im Kosmogramm ist ein Symbol, es deutet eine organische Bildekraft und ihre leiblichen, seelischen, geistigen Ausprägungen an; nicht etwa die Sonne draußen im Weltraume wirkt in besonderem Maß aufs Herz oder bewirkt gar seine Bildung, sondern was die Sonne in ihrem System ist, dem entspricht im Leibesorganismus das Herz und – als grobes Schema der Deutung verstanden – dessen individueller Zustand steht in gewisser Analogie zum Sonnenstand bei der Geburt.

Hängen wir nun gleicherweise den Tierkreis unserer Deutung vom Firmament ab, so entfällt die kausalistische Vorstellung, als hätte der Abschnitt nach dem Frühjahrs-Äquinoktium einen besonderen Einfluß auf unseren Kopf, derjenige nach dem Sommer-Solstitium einen solchen auf unseren Magen usw. Selten wird die Einflußtheorie bis in derartige Konsequenzen durchdacht, die, wenn wir daraus konstitutionelle Festlegungen, Gesundheit und Krankheit ableiten, ans Absurde streifen. Hier müssen wir es tun, um die Sackgasse dieser Theorie zu begreifen.

Was aber setzen wir an ihre Stelle? Woher leiten wir die Tierkreis-Entsprechungen ab? Auf der organischen Ebene verbleibend, entwickle ich sie in meiner Gesamtdarstellung als *kreisläufiges System der Beziehung des Organismus zur Umwelt**). Dieses System steht in einem ordnungsmäßigen Zusammenhang mit den als Wesenskräften – Elementen des Aufbaues der organischen Ganzheit in sich – verstandenen Planetensymbolen. Unter demselben Grundgedanken wollen wir nun die leiblichen Tierkreis-Entsprechungen verstehen aus der Funktion der betreffenden Organe im Austausch mit der Umwelt, dies ist ja ihr eigentlich organologischer, das heißt werkzeughafter Aspekt. Ich muß aber gleich bemerken, daß der funktionale Gesichtspunkt nicht der einzige ist, sondern daß aus der Beziehung zu den Planetensymbolen bzw. Wesenskräften ein morphologischer hinzu-

---

*) *Astrologische Menschenkunde* Hermann Bauer Verlag, Freiburg im Breisgau 1969, Band II. Der erste Band enthält unter der Darstellung der Wesenskräfte auch einiges über »Planeten-Signaturen«.

tritt. In der Verknüpfung dieser beiden Gesichtspunkte liefert die Praxis anschauliche Belege für die Verankerung des »Tierkreises der Deutung« auf der organischen Ebene; wenn wir nämlich aus einem Zeichen auf eine Organstörung schließen oder, es am Aszendenten antreffend, einen bestimmten Gestaltbautypus daraus ablesen, so bewegen wir uns in Kategorien dieser und keiner anderen Ebene.

Organismus und Umwelt: mechanisch-materialistisch betrachtet sehen wir im ersten einen relativ geschlossenen Arbeitsmechanismus, eine Maschine, sowie im zweiten zufällige Dinge seiner Umgebung, die denselben mechanischen Gesetzen gehorchen und nach diesen auf ihn einwirken. Auf solche Weise verstehen wir die Kausalität der Vorgänge, denken jedoch in Begriffen unterhalb der organischen Ebene, begreifen nicht deren Eigentümliches: Ganzheit, Gestalt. Dem hat sich schon immer eine Blickweise entgegengesetzt, in der es nach innerer Notwendigkeit zugeht, nach dem, was wir auch Plan nennen. Freilich geraten wir, sofern wir die Idee der Lebensgestalt an den Anfang ihres Entstehens rücken – nach Art der Entelechie –, in Begriffe oberhalb der organischen Ebene. Wir setzen gleichsam eine Zange an, mit der wir das Leben von unten und von oben her erfassen wollen; Ein Problem, das bereits am Beginn der Wissenschaftsgeschichte im Gegensatz von Demokrit und Plato auftaucht. Nicolai Hartmann behauptete im Hinweis darauf, daß uns unmittelbar gegebene Kategorien des Organischen fehlen. Unverkennbar jedoch schickt sich die neuere Biologie an, trotz dieser Klammer der Blickweisen im wahren Sinne organologische Begriffe herauszuarbeiten. Ein wichtiger Schritt war die Umweltlehre von Jakob v. Uexküll. Sie sieht das Lebewesen in seinen Organen, deren Leistungen bauplanmäßig aufeinander abgestimmt sind, auf eine artbestimmte Umwelt hin angelegt. Diejenige einer Fliege ist eine andere als diejenige eines Hundes – auch wenn die Fliege auf dem Hund sitzt, leben sie in zwei verschiedenen Welten –, die der Schwalbe ist eine andere als die des Seeigels. Der Bau- und Funktionsplan des organischen Ganzen bildet eine harmonische Einheit mit derjenigen Umwelt, auf welche die Wahrnehmungen und Tätigkeiten eingerichtet sind.

Beim Menschen verschiebt sich die Situation, wie wiederum Arnold Gehlen betont, insofern nämlich, als sich unsere Umwelt nicht im Instinktgegebenen, in automatischen Reaktionen begrenzt und erschöpft. Der Mensch tritt heraus aus der geschichtslosen Harmonie des Naturwesens, in welchem empfangener Reiz und antwortende Organleistung, eng zweckhaft aufeinander abgepaßt, stets gleichbleibende Bezüglichkeiten abstecken. Er ist das weltoffene, reizüberflutete, drangvoll sich entwickelnde Wesen, das Wesen mit Welt und Geschichte. Dies sowie das soziale Eingebautsein des einzelnen hat in bezug auf unser hier gestelltes Thema eine hohe Bedeutung für die seelischen und geistigen Entsprechungen. Im Leiblichen jedoch scheint es, funktional gesehen, nur in der besonderen Eignung des neurophysischen Apparates, mit Uexkülls Begriffen gesagt dem Anwachsen der »Merkwelt« gegenüber der »Wirkwelt«, hervorzutreten.

Anders vom morphologischen Blickpunkt. Der ganze Bauplan der Gestalt des Menschen enthält schon seine Bestimmung. Denken wir an den aufrechten Gang, der die Rolle von Stützpfeilern und Hebeln zur Fortbewegung auf die unteren Extremitäten verlegt, wodurch die oberen Extremitäten frei werden für vielseitigen Gebrauch, ausgestattet mit dem Universalwerkzeug der menschlichen Hand; blicken wir auf die senkrecht gestellte, federnde, S-förmig geschwungene Wirbelsäule, die obenauf die Kapsel für das mächtig ausgebildete Gehirn trägt! Oft erwähnt man die physische Schwäche des Menschen im Daseinskampf, verglichen mit den Großtieren. Gehlen nennt ihn direkt das »Mängelwesen« und erblickt darin eine der Voraussetzungen unserer Entwicklung. Diese sogenannten Mängen beruhen hauptsächlich auf dem Unspezialisierten gewisser auf äußere Leistung angelegter Organe. Gerade hierin mußten die Ansatzpunkte unserer Überlegenheit liegen, je mehr sich ausgleichshalber das innere Potential ausbildete. Ich nannte schon unsere Hand; sie mag für manche Leistungen schwächer sein, weil nicht als Huf, bekrallte Pranke oder als Grabfuß, Flügel, Flosse spezialisiert, ihr Bau aber eignet sie zur Herstellung alles Ermangelnden in Form von nicht leibverbundenen, sondern als Sache für sich gebrauchten und wieder beiseite gelegten Werkzeugen. So ist auch der Tierschädel weitgehend selbst ein spezialisiertes Werkzeug, angelegt zum Zerteilen des Mediums wie beim Fisch, zum Wühlen wie beim Maulwurf, zum Hacken wie beim Specht; Kiefer und Gebiß sind oft von ungeheurer Massivität, Ausbuchtungen und Aufbauten von Waffencharakter treten hinzu. Demgegenüber wurde der menschliche Schädel in der Hauptsache zum Behälter der zentral wichtigen Nervenmasse, das Werkzeughafte der Kauanlage tritt an Volumen auf das unumgänglich Notwendige zurück. Ferner hängt unser Kopf nicht wie der tierische an einer meist waagerecht getragenen Körperspindel, sondern er bildet von Haltevorrichtungen relativ entlastet, den leicht nach allen Seiten drehbaren Knauf einer aufgerichteten. In alledem zeichnet die Gestalt des Menschen ein anderes Weltverhältnis vor als die Tiergestalt oder die der Pflanze, die vergleichsweise mit dem Kopf in der Erde steckt und den Geschlechtsapparat oben trägt. Die Organanlage und -gestaltung der genannten Teile des Ganzen ist der entwicklungsgeschichtlichen Bestimmung des Menschen gemäß, denn was allzu stark in Richtung eines spezialisierten Werkzeuges gebildet ist, entspricht zu genau einer bestimmten Situation, um an andere, unvorhergesehene Lagen anpaßbar zu sein, um ein Organ der Weiterbildung sein zu können. In diesem Sinne meinte Edgar Dacqué einmal: »Überspezialisierungen sind Wege in den Tod.«

Bestimmend kommt die Artung des Wesens, sein Bleibendes, in der Gestalt zum Ausdruck, hierauf beruhen für uns die »Planeten-Signaturen«. Das uns jetzt näher beschäftigende Thema des Kreislaufs setzt aber nicht im Morphologischen an, sondern in der notwendigen Wiederkehr funktioneller Beziehungen zur Umwelt: dem Stoff- und Kraftwechsel. Stoffe werden verbraucht, Energien verausgabt, sie müssen ersetzt werden, dies kann nur durch Beschaffung von außen her geschehen. Wir sehen darin das Leben als einen Prozeß, der sich zwischen dem Eigenraum und dem Umraum des Organismus abspielt, der Organismus »wird« und »vergeht« zugleich, das heißt, er muß die seinen Existenzbedingungen entsprechende Zufuhr und Abgabe betätigen. Während wir morphologisch die Harmonie des Eingepaßtseins in die Umwelt unter dem Aspekt der Dauer betrachten, geht es funktionell um den aktuellen Zustand des Lebens-Gleichgewichts, das ein labiler Schwebezustand zwischen Aufbau und Abbau, ein »Fließ-Gleichgewicht« ist. Aus dieser Überlegung gelangen wir zu einer natürlichen Ordnung der Organgruppen analog den Quadranten des Tierkreises.

Unmittelbar leuchtet ein, daß wir hiermit nichts dem Organismus Fremdes in ihn hineintragen, nichts in einem menschlichen Hirn Ausgeklügeltes als vom Himmel her »bewirkt« deklarieren, sondern nur Grundtatsachen feststellen, die den Lebensvorgang überhaupt betreffen. Ebenso einleuchtend ist, daß die Organbildungen darauf eingerichtet sein müssen, diesen Grundtatsachen zu genügen. Auch eine gewisse Anordnung der Organe liegt in der Folge der Quadranten, indem sie einen durch den Körper gehenden Trakt vorzeichnen, von den Eingangspforten der zugeführten Stoffe zu den Stellen der Assimilierung und Überführung des Aufgenommenen in den eigentlichen Eigenraum, sowie weiterhin zu den Ausgangspforten für Unverwertbares und Verbrauchsschlacken, während sinngemäß im letzten Quadranten seinen Platz findet, was Angriffen aus dem Umraum widersteht und Bewegungen darin durchführt. Daß aber diese natürliche Quadrantenordnung in Korrespondenz steht mit den Quadranten des großen Umlaufsrhythmus der Erde um die Sonne, gehört zu den Schöpfungsgeheimnissen, die wir nicht durch ein paar kausalistische Erklärungen verdecken wollen. Hierin bescheiden wir uns vorderhand mit dem alten Analogiesatz »wie oben so unten«.

Wurde der Stoff- und Kraftwechsel als zwingendstes Erfordernis der Umweltbeziehung in den Vordergrund gerückt, so sei das kreisläufige System, von dem hier die Rede ist, aber nicht verwechselt mit Stoff-Kreisläufen innerhalb des Körpers. Etwas wie Blutkreislauf, Lymphkreislauf usw. sind uns bereits Vorgänge im Eigenraum, sie betreffen nur einen Quadranten der Beziehung, in welcher dieser Eigenraum zum Umraum steht. Eigenraum und Umraum sehen wir, funktionell bezogen, in einem Austauschverhältnis, insofern Körperbestand der Umwelt entlehnt ist und ihr zurückerstattet wird. Für die produktive, organisierende, verwandelnde Eigenschaft des Lebens ist darin eine Wiederkehr bestimmter Aufgaben der Selbsterneuerung aus umweltlichen Beständen gesetzt, die Aufgaben werden erfüllt im Ineinandergreifen von Organleistungen, vereinigt zum Gesamtprozeß des Austauschs. Dies macht den Inhalt unseres kreisläufigen Systems aus. Es handelt sich also um einen übergeordneten, zusammenfassenden Kreislauftypus, der neben Stoff- und Kraftwechsel die gesamte Sinnes- und Nerventätigkeit, die motorischen Leistungen, den Temperaturhaushalt, nicht zu vergessen das Mitwirken an der Reproduktion der Art über die Vergänglichkeit der Individuen hinweg, kurz alle Vorgänge dieses »Stirb und Werde« des Organismus einbeschließt.

Für die weitere Durchgliederung gibt es nun in den Teilungsprinzipien des Tierkreises gewisse Unterscheidungen, die ich wohl in großen Zügen als bekannt voraussetzen darf und auch andernorts erläutert habe*), doch in ihrem organismischen Ausdruck noch kurz darlegen will.

---

*) *Astrologische Menschenkunde,* Band II. Überkritische Leser könnten sich befugt fühlen, eine Unstimmigkeit in bezug auf Geschlecht und Fortpflanzung herauszulesen, dort auf den II. Quadranten bezogen, während wir hier die Geschlechtsorgane im III. Quadranten finden. Darum seien die verschiedenen Blickpunkte klargestellt. Dort geht es

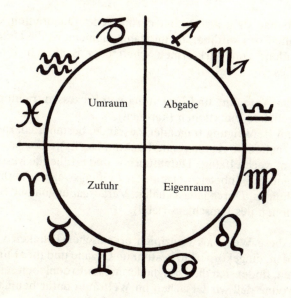

um die organische Wertwelt überhaupt; die Triebe der Gattung, die Nestbau- und Brutpflegeinstinkte gehören dann zum Bezirk, in dem der einzelne arterhaltenden Maßstäben gehorcht. Dies schimmert auch hier in den mütterlichen Organfunktionen von »Krebs« durch, den Reflexbögen bei »Löwe«, sowie in psychischen Begleiterscheinungen, die über den Sympathikus laufen, also unter »Jungfrau« fallen. In der Körperlichkeit für sich genommen steht jedoch der einzelne im Brennpunkt der Betrachtung. Von da aus sind Fortpflanzungskeime und äußere Geschlechtsorgane auf ein »Du« hin angelegt, fremdbezüglich. Aus diesem Ineinandergreifen des II. und III. Quadranten auf verschiedenen Ebenen ergeben sich interessante Überschneidungen, sie heißen in der Gesamtdarstellung die beiden »organisch kontaktbezogenen« Quadranten.

Obenan steht die Dreigliederung jedes Quadranten, die Dreiheit von kardinal, fix und labil. Gemeint ist die Unterscheidung von Wirkformen schaffender Kräfte. In ihnen geht es

a) um Anregung und Einleitung von Prozessen, richtunggebende Funktionen (kardinal),
b) um Befestigung tragender Zustände, bestandsichernde, erhaltende, regulierende Funktionen (fix),
c) um wechselfällige Durchführung und erfüllende Missionen, das Inbetriebsetzen von Leitungswegen, Verbindungen, Durchgangskanälen, Verausgabungen und Stationen des Umschlags (labil).

Auf diese Weise als Prinzipien organischer Tätigkeit verstanden, eingekörpert in bestimmte Organe und ihre Funktionen, findet sich die Dreigliederung im Erdenleben selbst vor, ohne daß wir Ursachen im Weltraum dafür bemühen müssen.

Im Wesen einer kreisläufigen Anordnung liegt es, daß einander gegenüberliegende Abschnitte bzw. »Zeichen« auch inhaltlich in Gegensatzverwandtschaft stehen; die Verwandtschaft besteht hier in jeweiliger Gemeinsamkeit einer der drei Wirkformen bei einem solchen Paar, gegensätzlich aber ist die Ausrichtung. Für die Praxis ist dies insofern bedeutsam, als eine Krankheit u. U. auch durch das Gegenzeichen dispositionell angezeigt sein kann.

Sinngemäß haben wir unter den vier kardinalen Zeichen die Direktiven zu suchen, aus denen der Organismus als gegliedertes Ganzes hervorgeht. Je zwei davon stehen sich gegenüber, die beiden – wieder polar aufeinander bezüglichen – Gegensatzpaare ergeben das sogenannte Achsenkreuz, dessen Widerspiegelung wir in der Ausrichtung nach Kopf- und Geschlechtspol, Verdauungszentrum und Formgerüst sehen. Die funktionalen Unterschiede folgen der bekannten Viergliederung der Elemente, aus denen die antiken Temperamente abgeleitet sind. Die symmetrische Gesamtanordnung faßt dabei im Schrittmaß gleichschenkliger Dreiecke je ein kardinales, fixes, labiles Zeichen unter dem gleichen Element zusammen, so daß Wasser- und Erdtrigon, Feuer- und Lufttrigon sich in Gegensatzverwandtschaft gegenüberstehen. Unsere funktionale Betrachtung des Organismus versteht unter der überlieferten symbolischen Ausdrucksweise vier Ebenen, auf denen sich die Entsprechungen bewegen. Wir sehen einander ergänzen den organischen *Chemismus,* unmittelbare Ebene des lebendigen Formbildungsvermögens (Wasser) sowie die organische *Tektonik,* die Ebene seiner fortbeständigen materiellen Ausformung (Erde). Weiterhin sehen wir die organische *Motorik,* die Ebene mechanischer Bewegungen, ihrer Energie und Steuerung (Feuer) sowie die Feinströme des Lebens, die als *Innervation* nur im apparathaften Ausdruck dessen, was das alte Pneumasymbol (Luft) zum Inhalt hat, begriffen werden können.

In dieser Viergliederung – das Feuer- und Lufttrigon zusammengefaßt dem Wasser- und Erdtrigon gegenübergestellt – ist enthalten, was die astrologische Überlieferung männliche und weibliche bzw. aktive und passive Zeichen nennt und wofür ich die Unterscheidung von tätiger und leidender Form gebrauche. Sie wechseln einander ab bei der Folge der Zeichen im kreisläufigen System.

Schließlich vervollständigt sich dies System im sogenannten Dominanzverhältnis der Planeten über bestimmte Zeichen, worin ich eine Korrespondenz zwischen Bildekräften und ihrem bevorzugten funktionalen Ausdruck symbolisiert sehe. Da die Zuordnung als solche bekannt ist und andernorts von mir dargestellt wurde, kann ich sie hier übergehen, zumal sie ebenso wie das Vorangegangene ohnehin aus den nun folgenden Organentsprechungen verständlicher wird.

Eine verlockende Aufgabe wäre es, die Abwandlungen dieses strengen Bezugssystems in der Entwicklung der Arten (Phylogenese) wie in derjenigen des Einzelwesens von der Eizelle bis zum fertigen Organismus (Ontogenese) zu verfolgen. Da alles Leben im Austausch mit Umwelt steht bzw. geschieht, liegt darin einer der Schlüssel zum Begreifen des Lebensprozesses überhaupt. Doch wir müssen erst seinen Ausdruck im Anschauungsmodell unseres Leibes, wie wir ihn ausgebildet vorfinden, kennenlernen. Die alte Zonen-Abfolge bestätigt sich dabei in großen Zügen als Angabe von Hauptsitzen (in bezug auf äußere Verletzungen behält sie erfahrungsgemäß eine beachtliche Gültigkeit); dasselbe funktionale Prinzip kann jedoch an anderen Stellen des Körpers vertreten sein, ferner kann ein und dasselbe Organ an verschiedenen funktionalen Prinzipien teilhaben. Gewiß kompliziert sich damit die Deutung, die im übrigen den auch im Psychischen geltenden Kombinationsregeln folgt. Diese Betrachtungsweise hat aber den Vorzug, daß

1. sie besser übereinstimmt mit der empirischen Wirklichkeit als die Zoneneinteilung, beobachtet an Hand des Kosmogramms,
2. die Zuordnungen logisch einsehbar sind, darum aus der Begreiflichkeit des Prinzips methodisch verfeinert werden können,
3. die Vielartigkeit der bei einer Krankheit mitspielenden Momente in Betracht gestellt wird; die Kombination, die mit mehreren und verschiedenartig verbundenen Elementen im Kosmogramm rechnet, kann somit zur genauen Ermittlung des Störfaktors durchgeführt werden.

Gehen wir nun zur Beschreibung der einzelnen funktionalen Prinzipien über. Freilich, zum vollen Genuß der immanenten Logik des Systems kommt man erst durch einige Beschäftigung mit astrologischen Zusammenhängen. Manche Mediziner, die ohne diese Kenntnisse herangehen, wird es zunächst befremden, Organe, die sie kategorial getrennt zu sehen gewohnt sind, zuweilen unter einem Prinzip anzutreffen. Der hier geltende Ordnungsgedanke vereinigt lagemäßig und kausal Zusammenhängendes nur soweit, als ein Parallelgehen in derselben Grundbedeutung vorliegt; diese Grundbedeutung bezieht sich immer auf den Austauschprozeß, darin kann auch an verschiedenen Körperstellen Gelegenes und kausal Unzusammenhängendes einander parallel gesetzt werden. Wenn einigen Prinzipien mehr Raum zur Darstellung gegeben ist als anderen, so liegt dies gleichfalls in der Sache, nicht in Bevorzugung, reichhaltiger oder dürftiger Erfahrung darüber und dergleichen. Daß sich etwa »Waage« oder Skorpion« in eine größere Vielzahl von Entsprechungen aufteilen als das Anfangszeichen »Widder« in seiner einseitig ichhaften Orientierung, geht aus dem Prinzip selbst hervor.

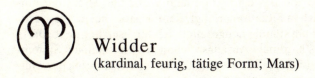

Widder
(kardinal, feurig, tätige Form; Mars)

Vom morphologischen Blickpunkt her wurde schon betont, daß beim Kopf des Menschen der Werkzeugcharakter zurücktritt gegenüber der Aufgabe eines Behälters für die zentral wichtige Nervenmasse. Als saturnales Bauprinzip herrscht hier die Schalentendenz, die wir teilweise auch in der Schulterblatt- und Beckenbildung sowie in durchbrochener Form im Rippenkorb finden, während im übrigen Körper die Gerüsttendenz vorherrscht. Saturnalen Charakter hat ebenso die Schichtung der Hirnrinde. In diesen Beziehungen, also Hirnstruktur als solcher, Verteilung der Hirnzellen, Lokalisationen, in der Rolle des Bewahrers von Niederschlägen geistiger Tätigkeit (Engrammen bzw. Dispositionen zum Wiederbeleben früherer Erlebnisse), im Erworbenen, Gewordenen haben wir keine »Widder«-Entsprechungen zu suchen, sondern Saturnales; dies gibt dem Hirnlichen in gewisser Weise die Bedeutung des Todespols gegenüber dem Lebenspol in den Keimdrüsen. Wichtig daher für die seelische Regeneration, daß im Schlaf dieser Pol weitgehend ausschaltet und die Regungen vom Gegenpol her mächtiger werden. Im so verstandenen Hirnpol sitzen die Rückversicherungen aus der Individualgeschichte, überhaupt der geschichtliche Charakter der »Mneme« (individuelles Gedächtnis + Erbgedächtnis). Doch dürfen wir uns nicht auf solche summarischen Bezeichnungen versteifen. Anderseits reicht der unter »Waage« geordnete Gegenpol mit der Zusammenschaltung der Sinnestätigkeit ebenfalls hier herein, das im Hirnpol konzentrierte »Ich« ist zugleich ein lebendig vorausweisendes Aktivum.

Reine »Widder«-Entsprechungen können jedenfalls nur in dem liegen, wodurch der Hirnpol diese Bedeutung des Anstoßes von Bewegung in einem »Jetzt und Hier« der umweltlichen Situation erlangt, dem Anstoß, bei dem es sozusagen um ständig neugezeugte Ichdurchsetzung geht. Darin ist das kardinale Anfangszeichen des kreisläufigen Systems gerechtfertigt. Wir meinen also mit solchem Bezug persönliche Auffassung und spontanes Assoziationsvermögen, insofern gilt die Lokalisation im Großhirn als dem »Ort der Denktätigkeit«. Unter »Widder« verstehen wir, dem Auslöser des Feuertrigons gemäß, reine Tätigkeit, subjektive Verfügung über Angeborenes und Erworbenes in einem dynamogenen Sinne, wobei das Zusammentreffen von Reizmeldungen der Sinnesorgane, ihr einheitliches Bezogensein im Ichbewußtsein, die Voraussetzung bildet zur Erteilung von Befehlen an die Bewegungsorgane. Damit stehen wir an einem der Übergänge zu den oberen Schichten. Die in den Reizmeldungen empfangenen Signale, verknüpft mit Engrammen früherer Wahrnehmungen, projizieren wir ja nach außen als »Umwelt«, hiervon erfaßt das »Widder«-Bewußtsein denjenigen Ausschnitt, in dem wir uns als Erteiler von Willensdirektiven handelnd erleben, sein Blickpunkt ist stets »Ziel« eines Handelns, auch auf geistige Tätigkeit als solche bezogen. So bezeichnet »Widder« die spontane Rhythmik und imperativische Form des Denkens, mit stets positiv praktischer Zielsetzung, willensmäßige Entschlußkraft, nur auf leistungshafte Lösung der Probleme, nur vorwärts gerichtet.

Hier wie auf allen Ebenen spielt die Gesamtentsprechung des Feuertrigons, der Tonus, mit, die im Anstoß, im Durchtragen wie in der Ausführung verwirklichte Spannkraft und Gestrafftheit.

Zwischen dem kardinalen und dem labilen Zeichen desselben I. Quadranten sehen wir eine typische Form des Zusammenspiels, denn die übermittelnde Funktion, die Leitung der Reizmeldungen von den Sinnesorganen zum Gehirn sowie der dort erteilten Impulse zu den Bewegungsorganen obliegt dem mercurialen Zeichen »Zwillinge«. Als kardinal rechnet nur der hirnliche Aktionsstrom (mit dem

Encephalographen meßbar), Ausdruck für die entscheidende dynamische Erregung, die geistig als Entschluß mit dem Merkmal der spontanen »Sofortzündung« auftritt (Verzögerung, umwegige Entschlußbildung beruht auf dem hemmenden Einschalten der genannten Saturn-Entsprechungen). »Widder« ist ein Marszeichen, ein solches aktiver Entäußerung. Herrscht es individuell gegenüber »Zwillinge« vor, so kann manuelles oder sonstiges technisches Geschick dem zielstürmenden Vorhaben kaum nachkommen, die zugreifende, schreibende Hand schleppt hinterher, die Zunge überstürzt sich in der Artikulation. Die aktivierende Stoßkraft ist dann gegen relativierende Umstände blind, schon deren klares Erfassen, das präzise »Aufmerken« sowie das dem Ausführen der Befehle angemessene Tempo bedarf des mercurialen Prinzips.

Eine andere Art des Zusammenspiels werden wir im Bezogensein auf das fixe Zeichen des Quadranten finden, als auf eine Basis, die Ruhe, Stetigkeit des Verhaltens und der Anschauungen gewährleistet. Die Vorgänge in der Großhirnrinde – augenblicklich zur Führung kommende Impulse, gegen sich kreuzende Triebe durchgesetzte Willensmotive – betreffen ein »Jeweils« der Situation. Dagegen eine Bindung an gewisse gleichbleibende Schablonen, der Selbsterhaltung rückversichert, liegt in den Organentsprechungen, von denen unter »Stier« die Rede sein wird.

Zum ausgeprägt werkzeughaften Teil des Kopfes kommen wir mit Kiefer, Gebiß und dazugehörigen Bewegungsmuskeln, sie haben das mechanische Ergreifen und Zerkleinern der Nahrung im Kauakt zu leisten. Nur dieser Akt und sein Apparat gehört unter »Widder« (Zähne für sich genommen sind Saturn-Entsprechungen), nicht die Einspeichelung, für welche vorgeschickte Organe des Körperchemismus hier angelagert sind (siehe »Krebs«), ferner rechnen dazu natürlich die primitiven Ichstrebungen, die sich mit dem Aufspüren und Aneignen von Nährstoffen beschäftigen. Beim primitiveren »Widder«-Typus überwiegt die Kinnpartie auch physiognomisch (das typische »harte

Kinn«), beim differenzierten die Stirnpartie (»Stirnbukkel«), analog bei jenem praktischer Instinkt und muskuläre Leistung, bei diesem Originalität gedanklicher Stellungnahme. Das primitiv ichbezogene Kleinkind macht nach der Saugperiode seine Anfangserfahrungen mit diesem Kauapparat, indem es alles, was es ergreifen kann, in den Mund steckt und daran kaut.

Eine häufig angetroffene Bevorzugung chirurgischer, orthopädischer und Massagemethoden durch Ärzte dieses Typus veranschaulicht das Prinzip mechanischer Einwirkung am entscheidenden Punkt, das Um und Auf bei »Widder«. Dieses Prinzip geht durch alle Entsprechungen, von der Richtungsfortpflanzung ausgeübter feiner Reize, rhythmischen Reiz- bzw. Energiewellen, bis zur massiven Stoßkraft eines in Bewegung gesetzten Apparates. Entgleisungen liegen in der übermäßig gespannten, verkrampften Anwendung sowie dem Verfehlen des »entscheidenden Punktes«.

Stier
(fix, erdhaft, leidende Form; Venus)

Auf das erste kardinale Zeichen folgt das erste fixe nicht der Zeichenfolge zuliebe, sondern sinngemäß, weil die Aufnahmepforte des Leibes umgeben ist mit einem Gürtel von Sicherungen, durch den abgewiesen wird, was dem Bestand des Körpers unzuträglich wäre. Gegenüber dem vorigen Zeichen der Ertätigung eines subjektiven Vorhabens haben wir nun ein solches leidender Form, nämlich ein Prinzip der Auswahl von Herangetragenem; die funktionelle Schwelle zwischen Zulassung und Ablehnung dient dem Schutz der leiblichen Integrität. Wir befinden uns hier im passiven Widerstand gegen Gefahrmomente der Umwelt, dem Erdhaften gemäß materiell bezogen. Die dabei einschaltenden Sicherungsfunktionen sind vornehmlich verankert in der phylogenetisch älteren Hirnanlage, dem Hirnstamm (Stammlappen, Zwischenhirn, Mittelhirn, Kleinhirn, Brücke und verlängertes Mark).

In direktem Bezug zur Nahrung steht die Sensibilität für Gifte. Sie bestimmt beim freilebenden Tiere durchschnittlich stärker das Verhalten, ist beim Menschen oft allzusehr überblendet durch die Bewußtseinsentwicklung; auch Haustiere können diesen Instinkt für das Zuträgliche oder Schädliche teilweise verlieren. Positiv verfügbar richtet sich der Instinkt, dessen hirnlicher Bezugspunkt hier gemeint ist, nicht nur auf schlechthin bekömmliche Nahrung, sondern auch auf Heilkräftiges bei Unbehagen, Erkrankung. Dem schließt sich die besondere Beziehung dieses Zeichens zum Geschmackssinn an, lokalisiert in Gaumen, Zunge (getrennt Empfindungen von süß, sauer, salzig, bitter) und Lippen. Letztere treten bekanntlich beim primitiveren »Stier«-Typus wulstig vorgewölbt in Erscheinung, beim differenzierten herrscht die Feinempfindlichkeit des Zungengeschmacks vor, auch im übertragenen Sinne (psychischer Übergang) einer ästhetischen Haltung den Dingen gegenüber.

Um Zulassung oder Abwehr mit selbstsichernder Tendenz geht es weiterhin bei den Reflexen für mechanische Akte, deren Sitz im verlängerten Rückenmark liegt (medulla oblongata, gemeinsam mit »Wassermann«). Hierher gehören die Reflexe des Schlundes, die im Schluck- und Schlingakt die Nahrung hinunterbefördern oder im Würge- und Brechakt herausbefördern, die schützende Maßnahme des Brechreflexes greift bis zum Mageninhalt. Ferner gehören hierher die Reflexe des Niesens und Hustens (dagegen normale Lungen- und Kehlkopfbewegung »Wassermann«) sowie diejenigen der Hornhaut. Das verlängerte Mark geht in den Hirnstamm über, wo die Kreislaufzentren liegen mit dem vasomotorischen Hauptanteil (bei Hirnerschütterung zum Beispiel kurzfristige Dysregulation); rechnet die allgemeine Regulierung des Gefäß-Spannungszustandes unter »Wassermann«, so gilt auf »Stier« bezogen der Reflexschutz der Gefäßspannung.

Eine Sicherung anderer Art obliegt dem Schlafzentrum (heute auch Schlafsteuerungszentrum genannt) im Zwischenhirn (Hypothalamus). Übergroße Beanspruchung des Körpers löst den Müdigkeitsreiz und damit die Schlafneigung aus; der Schlaf gibt Gelegenheit zur Reorganisation der muskulären sowie der im Wachzustand ständig durch Wahrnehmungen beanspruchten Nervenkräfte, schon das Abgezogensein durch Verdauungsarbeit ruft ihn herbei. Ist im Verhältnis zur Umwelt der kritische Punkt erreicht, ab dem vom Kapital gezehrt werden müßte (wie wir es tun, wenn wir übermüdet weiterarbeiten), so meldet sich das Prinzip in Gestalt des Schlafzentrums: »Schluß damit, ich blende ab.« Dann aber zeigt sich, daß Ruhe und Passivität relative Begriffe sind, die Natur des Zeichens nicht als absolute Trägheit aufgefaßt werden darf; seine funktionale Eigenart bewirkt vielmehr die Wiederherstellung des subjektiven Gleichgewichts. Als Ausdruck hierbei besonders enger leib-seelischer Wechselbeziehungen kennen wir die »Traumarbeit« sowie die Rolle des »autogenen Trainings«. Kein Zeichen ist so schlafbedürftig, keines mit seinem Eigensten so im Unbewußten verankert wie dieses.

An den motorischen Akten aus dem vorangegangenen Kardinalzeichen hat dieses fixe regulierend teil im statischen Gleichgewicht des Körpers. Der Gleichgewichtsnerv sitzt im Schläfenbein, bezogen auf verl. Mark. und Kleinhirn, von woraus die Koordination der Bewegungen zur Erhaltung dieses Gleichgewichts gesteuert wird. Die von »Widder« ausgehende willkürliche, einseitig aktive, objektgerichtete Ausfalls- und Zugriffs-, Hieb- und Schwungbewegung würde den Körper ständig zu Fall bringen, hätten wir nicht diese stillschweigende Regulation der Gesamtmasse, die gleichzeitig in Verbindung damit genau die zur Stützung geeigneten Muskelgruppen in Gang setzt.

Deutlich tritt neben dem Erdhaften der Venus-Charakter des Zeichens hervor. In all seinen Entsprechungen geht es um harmonische Erhaltung des Einzelwesens in seiner natürlichen Ordnung; von enormer Wichtigkeit ist dabei die Bewahrer-, gleichsam Verwalterrolle des Hirnstamms. Die traditionelle Zuordnung des Halses betrifft zu Recht den Schlund als Beginn des großen Körpertrakts, dagegen Hals- und Nackenmuskeln sowie die übrigen Gewebepartien nur in sekundären Störerscheinungen: Austritt von aufwärtssteigenden Giftstoffen, Abszesse, »stiernackige« Verhärtungen. Eine morphologisch-biotechnische Entsprechung von Venus, die Filteranlage, finden wir nun am Eingang des Schlundes in den Mandeln zum Abfangen von Bakterien. Bekannt ist die Anginaneigung des »Stier«-Typus; die hohe Mandelempfindlichkeit bei Kindern hängt mit der allgemeinen Geltung des Zeichens für den organischen Aufbau- und Werdezustand zusammen, beim entsprechenden Typus verläuft dieser Prozeß langsamer, die Empfänglichkeit für derartige Störungen hält länger vor.

In den seelischen Entsprechungen regiert das subjektiv bezogene ästhetische Wahlmoment »was paßt zu mir?«, geschmacksmäßig, gefühlsmäßig, meiner natürlichen Ordnung nach. Beim primitiven Typus überwiegt dabei das erdhaft-Passive, nämlich Haften am Gewohnten, an Besitz und Genuß. Illustrativ für Störungen des Prinzips sind krankhafte Begleiterscheinungen, die bei Hebephrenie (Dementia praecox) vorkommen: ißt wahllos der Qualität nach und wahllose Mengen; Gegenfall Katatonie: Erstarren in einer bestimmten Stellung und Haltung, will keine Nahrung zu sich nehmen, schläft nicht. Dies veranschaulicht zweierlei Gestörtheiten der Verfügung über den Schwellenwert, einerseits übergroße Lockerheit und Lässigkeit in der Auswahl, anderseits Starrheiten, Verkapselungen, wenn übergroße Beanspruchung die Grenze der Aufnahmefähigkeit überschritt. Als typisch für »Stier« gilt die besondere Neigung zu seelischen Komplexen, in denen sich Unzulänglichkeiten oder Schwerfälligkeiten begründen, die das sonstige naive Vergnügen an der Welt beeinträchtigen.

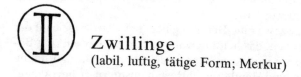

Zwillinge
(labil, luftig, tätige Form; Merkur)

Als Entsprechungen des ersten labilen Zeichens rechnen zunächst die Leitungswege, über die sich die kardinale Tätigkeit des Hirnpols verwirklicht, also die Nervenbahnen des Cerebro-Spinal-Systems (Gehirn-Rückenmarksystem). Auffallend ist die Zweiteilung, sowohl in zweierlei Nervensysteme, wovon das Gehirn-Rückenmarksystem insbesondere das willkürliche Verhältnis zur Umwelt betrifft (Bewegungen der Glieder, gesteuert aus einer Bewußtseinszentrale, der Empfindungen und Sinnesreize zufließen), als auch in der Wegrichtung der Funktionen, nämlich »her« von den Sinnesorganen, »hin« zu den Bewegungsorganen. Polare Ausrichtung fließender Vorgänge kennen wir vom Elektrismus und der oft gebrachte Vergleich mit elektrischen Stromleitungen dürfte kein äußerlicher sein, nach manchen Anschauungen sind die Nerven tatsächliche Träger und Übermittler tierischer Elektrizität. In unseren Signaturbegriffen ist solche Wechselbezüglichkeit der Wege ein mercuriales Kennzeichen, anordnungsmäßig kommt das Zweiseitige oder Spiegelbildliche zum Ausdruck in der Rechts-Links-Symmetrie, dem Gliederbau angepaßt, mit Überkreizung der bezogenen Seiten und Hirnhälften. Die Note der Zwiegespaltenheit werden wir im Spannungs- und Bewegungsmoment aller Entsprechungen des Zeichens wiederfinden, der Name »Zwillinge« ist daher glücklich gewählt. Im funktionalen Prinzip geht es um Reizleitung an sich (Maximalgeschwindigkeiten von 120 m pro Sek. festgestellt), Aufgabe der Nervenfasern; die Ganglien, als zwischengelegte Schaltstationen, sowie die Zusammenschaltung der Sinnestätigkeit insbesondere rechnen unter »Waage«, das kardinale Zeichen des Lufttrigons. Als Gesamtentsprechung kann diesem Trigon die weiße Nervensubstanz zugeschrieben werden.

Eine gewisse Plus-Betonung liegt bei »Zwillinge« auf der willkürlichen, das heißt bewußt-zweckhaft gesteuerten Bewegung; nur in diesem Sinne ist die traditionelle Zuordnung der Arme und Hände gerechtfertigt, insofern sie bevorzugte Organe der arbeitenden und mitteilenden Zweckbewegung sind. (Bei den Vögeln finden wir diese Extremitätenpaare zu Flugwerkzeugen ausgebildet vor.)

Hiermit im Zusammenhang steht die Beziehung zu den Sprachzentren im Gehirn (sogenannte Insel in der Schläfengegend; Erkrankungen der linken Insel führen bei Rechtshändern meist zu Sprachstörungen). Im direkten Übergang aus der organischen zur geistigen Ebene ergibt sich eine Beziehung zu den Assoziations- und Apperzeptionszentren überhaupt, und zwar in bezug auf ihr Tauglichsein, in gewissem Grade schulbar, somit zum Ablauf der Vorstellungen und Urteile. Bekanntlich funktioniert dieser beim »Zwillinge«-Typus besonders rasch und unter Übergehung seelischer Nebentöne. Diese labile Seite des hirnlichen Vorganges ist nicht zu verwechseln mit der kardinalen, dem spontanen Ingangsetzen der Urteile, der »Widder-Zündung«. Gut erkennen wir ihren Unterschied in den geistigen Eigenarten der betreffenden Typen: bei »Zwillinge« das Prinzip der Schnelligkeit, der reibungslosesten und kürzesten Verbindung zwischen zwei Punkten, bei »Widder« der Einsatz originaler Stellungnahmen mit Willens- und Personwert-Betonung (vermutlich besondere Entsprechung der sogenannten Stirnlappen). Bei »Zwillinge« kann man von instrumentaler Geistigkeit reden und hierzu steht die andere große Entsprechung des Zeichens, die Atmung, in jenem Zusammenhang, welcher dem antiken Pneumabegriff seine diesbezügliche Bedeutung gab: bewußte Atemführung wirkt auf die inspirative geistige Verfassung zurück und ermöglicht eine Beherrschung feinerer Kräfte. Bekanntlich liegen darin auch therapeutische Einwirkungen.

So kombinieren sich die beiden Entsprechungen, in denen

der luftige Charakter des Zeichens zum Ausdruck kommt. Bei der Atmung geht es um den Gasaustausch; der zugeführte Sauerstoff dient in seinen bereits gegebenen physikalischen Eigenschaften dem Kraftwechsel, die Ausatmung befreit von störenden gasförmigen Stoffwechselprodukten, führt die unverwertbaren Kohlenstoffverbindungen ab. Wir unterscheiden damit Gebrauchsstoffe von den als eigentliche Nahrung anzusprechenden Verbrauchsstoffen, solchen, die über chemische Zubereitung dem Organismus einverleibt werden; mit letzteren hat das Zeichen nur insoweit zu tun, als bei ihrer Zufuhr gewisse Reizleitungen auf den Nervenbahnen erforderlich sind.

Unter »Zwillinge« rechnen demnach Goethes »zweierlei Gnaden«, das Ein und Aus der Atemführung in ihrem mit dem Denkfortgang korrespondierenden, zeitregelnden Rhythmus; im physiologischen Bild die Mechanik der Atembewegung durch Zwerchfell und Brustkorbmuskel (Zwischenrippenmuskel), verbunden mit physikalisch-mechanischem Druckausgleich der Gase. Willkürlich ist an diesen Bewegungen der Brust- und Bauchwand das Akzessorische, nämlich das bewußte Anhalten und Steigern (innerhalb gewisser Grenzen) eines an sich mit periodischer Notwendigkeit vorsichgehenden Austausches zwischen Innenluft und Außenluft. Überall im Körper gibt das Blut beim Durchströmen der Kapillaren Sauerstoff an die Gewebsflüssigkeit ab, in den Kapillaren erfolgt der Gasaustausch, durch Osmose der Kapillarwände wird Kohlensäure dem Blute zugeführt. Die Verbrennung, der Sinn des in den Organismus eingegangenen Sauerstoffs, findet in den die Kapillaren umgebenden Geweben statt. Sauerstoffmangel bzw. Kohlensäureanhäufung im Blute regt das Atemzentrum im verlängerten Rückenmark an, eine Verknüpfung der Nervenzentren, welche die zur Atmung nötigen Muskelgruppen in Tätigkeit setzen. Hier liegt sozusagen einer der Vereinigungspunkte des Lufttrigons; den Reflexschutz (Ausdruck: Lufthunger) verstehen wird unter dem kardinalen Zeichen »Waage«, die gleichmäßige periodische Regelung unter dem fixen Zeichen »Wassermann«. Die Tätigkeit der Lunge, als Sauerstoffquelle und Kohlensäureauslaß für den ganzen Körper (im letzteren dient das polaristische Prinzip auch den gegenüberliegenden Abgabequadranten), baut sich auf einer bestimmten Norm auf, Atemzüge beim erwachsenen Menschen durchschnittlich 16 in der Minute. Rein »zwillingshaft«, abgesehen vom Ein und Aus des Luftstromes, ist die fluktuierende Abweichung von dieser Norm; der bei diesem Typus häufige schnelle Flachatem bedarf geradezu einer bewußten Beeinflussung des Atmens.

In der Lunge, die dem Blattorgan der Pflanze entspricht, hat sich das Leben eine unmittelbare Berührung des Eigenraums mit dem Umraum geschaffen, welche die äußere Hautoberfläche um ein Vielfaches übertrifft: diese innere Oberfläche beträgt 70 qm gegenüber der äußeren von $1\,^1/_2$–2qm. Die Komplizierung dieser großen Kontaktfläche im inneren Bau der Lunge ordnet sich lediglich dem Austausch zweier Momente unter. Sauerstoff-Kohlensäure. Stets, auch im Zustande der Ausatmung, enthält die Lunge etwas Luft (immerhin 2–$2\,^1/_2$ l), nur vorgeburtlich war sie luftleer; daraus erhellt die Wichtigkeit des ersten Atemzuges bei der Geburt.

Gewisse Eigenheiten der »Zwillinge«-Psyche spiegeln diese Organbeschaffenheiten und -funktionen wider. Ihre extraversive, zum Austausch auf möglichst viel »Oberfläche« tendierende Note bewegt sich im pro und contra des Urteilsschemas verwertbar-unverwertbar. Ständig ist sie auf der Jagd nach Neuem, Anregsamem, dagegen Gebrauchtes unsentimental wieder abstoßend. Dies verbindet sich mit unübertrefflicher Raschheit der Reizleitung (Kenntnisnahme sinnlicher Signale oder abstrakter Ziffern) sowie der darauf passenden Assoziationen. Auf die schablonenhafte Ausbildung letzterer bezieht sich die Gelehrigkeit des niederen intellektuellen Typus, während im bewußt geschulten Inspirativen der Typus höherer Geistigkeit voranschreitet. Häufige Nervosität und Anfälligkeit der Lungen korrespondieren mit dem meist schlanken, schmalbrüstigen Gestaltbau.

Gleichsam als Vorposten der Luftsäcke in der Brust sind Kehlkopf und Stimmbänder in den Hals vorgeschickt; die Sprachzentren im Gehirn wurden schon genannt, als weitere Voraussetzungen des »tönenden Menschen« treten die beim Embryo aus den Bronchialbögen gebildeten inneren Teile des Ohrs hinzu (speziell als Hörorgan und in der Schwerkraftbezogenheit saturnal). Im Zusammenwirken mit Veränderungen der Mundhöhle und Zungenstellung artikuliert und differenziert sich im Mitteilungszweck persönlich, was beim Tiere artbestimmter Naturlaut ist; die funktionale Verknüpfung all dieser und angeschlossener Organe (zum Beispiel leise Sprechbewegungen beim Schreiben, selbstvernehmendes Hören beim Sprechen, ja beim Denken usw.) nennen wir hier die extraversive Sprechregion. Auf ihrer exakten Eingespieltheit beruht die besondere Zungenfertigkeit des »Zwillinge«-Typus, er betätigt sie mit erhöhter Funktionslust und unterstützt dabei häufig die Lautzeichen durch synonyme Gebärden der Arme und Hände.

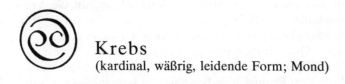# Krebs
(kardinal, wäßrig, leidende Form; Mond)

Ein neuer Bereich des Gesamtaustausches beginnt mit dem II. Quadranten. Nunmehr geht es um die Zubereitung der eingeführten Verbrauchsstoffe und ihre Übernahme in den eigentlichen Körperbestand. Führende Aufgabe hinsichtlich dieser Assimilation, der Verwandlung in körpereigene Stoffe, hat das Ingangsetzen des Chemismus. Darin vereinigen sich verschiedene und wechselnde Veranstaltungen, je nach Art der zugeführten Stoffe eingesetzt; solche Anpassung an das Vorgefundene charakterisiert ein Zeichen leidender Form. Zum Unterschied vom einspurigen Richtungssinn aus dem punktuellen »Ich« beim vorigen Kardinalzeichen (Widder) erweist sich hier das »Selbst«, die vitale Tiefenregion, in einem Zusammenspiel variablier Vorgänge mit Herbeiziehung innerer Organe, nämlich in der kombinierten chemischen Leistung der Verdauungsdrüsen: Pankreas, Leber, Drüsen in der Darmwand, Speicheldrüsen. In dieser wechselbezüglichen Abstimmung aufeinander rechnen sie zum funktionalen Prinzip »Krebs«; es hat seinen Sitz in den zartesten und empfindlichsten Gebilden, seine Erneuerungskraft trägt die saturnal unbeschützte Sicherheit des Lebensvorganges.

Diese Drüsen sondern Fermente ab, Stoffe, die, ohne selbst in merklichen Mengen verbraucht zu werden, beliebige Mengen eines anderen Stoffes angreifen. Ihre Wirkung ist an bestimmte Temperaturverhältnisse gebunden. Das Ferment der Magenschleimhaut ist das Pepsin. Die Fermente oder Enzyme finden sich in Form einer Vorstufe, als Zymogen, in den Drüsen selbst vorgebildet. Der Chemismus setzt schon im Kopfe an, in den Mundspeicheldrüsen (serös, mucös und gemischt); ihr Hauptferment ist das Ptya-

lin. Mit seiner Einwirkung im Speichel beginnt die Verwandlung von Stärke in Zucker (alkalische Reaktion). Nur in einem Bezug gehören die Drüsen der Mundhöhle noch zum I. Quandranten, insofern nämlich hier ein willkürlicher Akt mitspricht: die Speise kann beliebig lange in der Mundhöhle zum Einspeicheln bewahrt werden. Sobald die Nahrung in den Bereich des Schlundes gelangt ist, geht der Akt unabhängig vom Willen weiter, unwillkürlich sind die hierzu nötigen mechanischen Bewegungen, die später unter »Jungfrau« besprochene Peristaltik. Zu »Krebs« gehört also die chemische Tätigkeit der Mundhöhlendrüsen, ihre unwillkürliche Anregung erfolgt bereits bei äußerer Wahrnahme, ja bloßer Vorstellung einer Speise (was der Volksmund nennt, daß »einem das Wasser im Munde zusammenläuft«). Auch hiermit ist, ähnlich wie beim vorigen Prinzip, ein Vorposten dem eigentlichen Sitz vorausgeschickt; wir können den beim »Krebs«-Typus besonders lockeren Übergang von seelischer Imagination zu Säftebildung einer introversiven Schmeckregion zugehörig nennen. Die Zunge dient dieser ebensowohl wie dem, was wir extraversive Sprechregion nannten, sie ist agierendes Organ der Lautbildung wie Geschmacksorgan, in ersterer Hinsicht unter »Widder« und »Zwillinge«, in letzterer Hinsicht unter »Stier« in Zusammenarbeit mit »Krebs«.
Die Aufbereitung der Nahrungsstoffe durch chemische Akte, die eingeleitete Verdauung, hat ihren Hauptsitz im Magen, dem zentralen und wesentlichsten Teil des Körpertrakts; hierher gehört vornehmlich das Sekret der Magendrüsen (Millionen einzelner Drüsen, die täglich etwa 3 l Magensaft erzeugen). Die Menge und Zusammensetzung des Magensaftes richtet sich nach der Art der dargereichten Nahrung, die es chemisch umzugestalten gilt. (Das bekannte Experiment des Pawlowschen Hundes: wenn man einem Hunde Kartoffeln zeigt, ist die Mangensekretion eine andere, als wenn man ihm ein Stück Fleisch vorhält.) Mit dem in Gang gesetzten Körperchemismus beginnt das organische Bildevermögen die noch als Umwelt zu betrachtende Nah-

rung in Eigenwelt zu verwandeln, die leib-seelische Wechselwirkung sitzt hier sehr locker: Widerspiegelung von »Magengefühlen« in psychischen »Stimmungen« sowie Rückwirkung seelischer »Verstimmung« auf die organische Magentätigkeit, überhaupt das seelisch Sensible der hierhergehörigen allergischen Konstitution. Beim »Krebs«-Typus finden wir in ausgesprochener Weise, was wir als allgemeinen »Lebenshunger« bezeichnen. Bei der Entstehung des speziellen organischen Hungergefühls spricht die Funktion des Vagus mit (schweifender Nerv; er tritt aus der Schädelbasis aus, geht längs der großen Halsschlagader herab, schickt Äste zu den Stimmorganen, ferner zu Lunge, Herzgeflecht, Magen, Milz, Leber, Sonnengeflecht, Niere). Als Regler des Kräftehaushalts der versorgten Organe und in gewisser Weise seelischer Spannungsbarometer gehört er wie der Sympathikus (siehe »Jungfrau«) zu den autonomen Zügeln des Lebens. Werden beide meist unter dem Begriff des vegetativen Nervensystems zusammengefaßt, so kennzeichnet sich die Betonung des einen oder anderen für uns doch durch zweierlei Typen.

Als saturnal dagegen sind, ihrer gewebemäßigen Struktur nach, die Magenwände zu betrachten. Der Magen ist der einzige Teil des Organismus, in dem freie Mineralsäure (Salzsäure) vorkommt; diese müßte das organische Gewebe zerstören, wäre sie nicht in einem Behälter eingeschlossen, so gebaut, daß er einen besonderen Schleim absondert, der verhindert, daß die Wände von der Salzsäure nicht durchfressen werden können (außer bei Erkrankung). Wir haben darin sozusagen »Umwelt« in den Dienst des Organismus einbezogen; den zweckmäßigen Schutz hat das Saturn zugeordnete Gegenzeichen »Steinbock«.

Sofern wir von organischer Nahrung leben, findet eine allgemeine Umpolarisierung statt: Tod und Zersetzung organischer Anderheiten wird eigenem Leben dienlich. Hierbei hat die Salzsäure eine fäulnishemmende Wirkung, da sie Fäulniserreger, Mikroben, zerstört. Durch sie kommt ferner das von den Magendrüsen abgesonderte Pepsin zur verdauenden Wirkung. Hauptaufgabe des Pepsins ist, Eiweißkörper in lösliche Form zu bringen.

Nun wird die Nahrung im Magen weiter verdünnt und gelöst oder (bei unverdaulichen Stoffen) aufgeweicht und gequollen. Als eine von der Verdauungsnotwendigkeit abhängige, unterstützende Wirkung tritt die Sekretion der Darmdrüsen hinzu. Im Darm bis zum Dünndarm treffen sich alle Säfte, die den Verdauungsakt zu Ende leiten, über die Pfortader wirkt die Leber am Aufbau körpereigener Stoffe mit, im Dickdarm findet keine eigentliche Verdauung mehr statt, lediglich Gärung und Wasser-Resorption. »Krebs« ist im Darm nur hinsichtlich dieser Drüsensekretion und der Verdauungsarbeit, zu welcher die Säfte der Galle und Bauchspeicheldrüse hinzustoßen, lokalisiert.

Als Mondzeichen verstehen wir »Krebs« in folgendem Zusammenhang. Was das chemische Gestaltungsprinzip herstellt, der Speisesaft, ist, in den eigentlichen Körperbestand übernommen, die Lymphe; nunmehr der Träger einer allseitig zirkulierenden und Bedingungen für das Zellenwachstum herbeischaffenden Funktion. Der Lymphkreislauf aber bildet die hauptsächliche Entsprechung des lunaren, vegetativen Lebens, mit dem die Reihe der Planeten-Signaturen beginnt, deren Formenaufbau heben wir ab von den herbei- und wegschaffenden Funktionen des Austausches mit der Umwelt.

Im Gefolge der mütterlichen Aufgabe kommt die der Frau ureigene Mond-Entsprechung hinzu, bekommt »Krebs« eine angeschlossene Funktion, nämlich für den Nahrungsaufbau des werdenden Kindes mit zu sorgen. Lokalisierbar ist dies in den entsprechenden weiblichen Organen, vor allem in den Brustdrüsen und ihrer Tätigkeit vor und nach der Geburt. Die Brückenübergänge zum Seelischen haben während der Schwangerschaft eine erhöhte und spezifische Bedeutung in der »Schwangerschaftspsyche« mit ihren abnormen, spontanen Bedürfnissen und dem, was der Mitwelt als Laune und Einbildung erscheint. Bei weiblichen »Krebs«-Typen sind Konzeptionsbereitschaft, organische und seelische Eignung zur Mutterschaft besonders betont, dies bestätigt die überlieferte Geltung als »fruchtbares« Zeichen (neben den beiden anderen Wasserzeichen sowie »Stier«). In den allgemeinen seelischen Entsprechungen tritt aber auch beim männlichen Typus etwas wie eine Übertragung des wechselbezüglichen Kind-Mutter-Verhältnisses in Erscheinung: einerseits kindliches Umsorgt- und Gepflegtseinwollen, anderseits männliches »Bemuttern«, Hegen und Umsorgen anvertrauter Lebenswerte.

Löwe
(fix, feurig, tätige Form; Sonne)

Gegenüber der stillen, mit einem Minimum an eingesetzter Eigenenergie – wenigstens im motorischen Sinne – rechnenden Durchgestaltung zugeführter Verbrauchsstoffe finden wir nun im fixen Zeichen die motorische Gesamtregulation, die in der Herzarbeit liegt, die Mechanik des Blutkreislaufs. Ein feuriges Zeichen im II. Quadranten: damit stellen wir neben die vom Kopf aus geleiteten willkürlichen Akte jene automatische Funktion, welche die aktive Sicherung des Lebensfortgangs im gesamten Eigenraum darstellt. Das Herz als Zentralorgan der Lebensbetätigung ist eine solare Entsprechung; im Austauschprozeß betrachten wir es als Regler des hierauf bezogenen laufenden Getriebes, sozusagen Drehscheibe der Umschöpfung des aus der Lunge dem Eigenraum zugeführten Gebrauchsstoffs, der Herausschöpfung gasförmigen Abbaustoffs zur Lunge und damit in den Umraum. Unter den Blutbahnen gilt vor allem die Aorta, die Hauptschlagader, als Entsprechung dieses Zeichens tätiger Form.

Die Herzarbeit als solche, oft mit der Tätigkeit eines Pumpwerks verglichen, hat die Überwindung des Reibungswiderstandes an den Gefäßwänden zu leisten. Im Bau des Herzmuskels verbinden sich Haupteigenschaften der quergestreiften Muskeln (siehe »Schütze«) mit solchen der glatten Muskeln (siehe »Jungfrau«); die Fasern haben aber keinen Überzug (Sarkolen) und die Kerne sitzen nicht wie beim quergestreiften Muskel mehr am Rand, sondern in der Mitte einer Faser. Jeder Kern ist das Zentrum für ein bestimmtes Gebiet. Die Stärke der Erregung des Muskels hängt nicht von der Stärke des Reizes ab, sondern jeder überhaupt wirksame Reiz ruft eine maximale Zusammenziehung hervor (das sogenannte »alles-oder-nichts«-Gesetz). Im Zustande der Verkürzung ist der Herzmuskel gegen Reizung völlig unempfindlich, es ist keine Supponierung möglich wie bei den quergestreiften Muskeln (siehe dort). Während dieser seiner refraktären Periode muß der Herzmuskel vielmehr die Reizwirkung erst bis zum Höhepunkt führen; folgt innerhalb dieser Periode ein zweiter Reiz, so erfolgt keine Steigerung, keine Summation wie bei den quergestreiften Muskeln, sondern die Zusammenziehung ist wieder genau dieselbe. Bei schnell aufeinandergesetzten Reizen tritt aber das sogenannte Flimmern auf, das heißt, die einzelnen Muskelbündel wirken nicht einheitlich zusammen wie sonst bei der Systole, sondern in einem Zustand ähnlich wie bei der Diastole zucken die einzelnen Fibrillen.

Gesamtbedeutung der Herzarbeit wie Bau und Funktionsweise des Herzmuskels offenbaren verschiedene Momente, die sich in seelischen Entsprechungen des »Löwe«-Zeichens widerspiegeln. Es ist das zentralistische Macht- und Willensprinzip, warm-lebenspositiv; auf anfordernde Reize springt dieser Typus mit Einsatz der ganzen Persönlichkeit an, antwortet auf Mißachtung des Eigenwerts – seines inneren Drehpunkts – mit der gesamten Wucht des Affekts, gibt sich normalerweise tätig wirkungsvoll im Umkreis lebendiger Verantwortlichkeit aus, repräsentativ für ein Ganzes. Im Egozentrismus wurzeln auch die Eitelkeiten, großen Ansprüche und Unkontrolliertheiten des minderen Typus, ferner krankhafte Formen (Verfolgungs- und Größenwahn); analog dem »Flimmern« tritt bei fortgesetzter Reizung und Verlust des Überblicks ein Zustand panikhafter Erregung aller Affektherde für sich ein.

Die Herzarbeit bekommt ihren Sinn aus der Rolle des Blutes im Oxydationsprozeß, sie ist grundlegend für den Wärmehaushalt. Die gleichmäßige Wärme des Warmblüterkörpers beruht auf dem Gleichgewicht zwischen der im Körper entstehenden und der abgegebenen Wärmemenge; »Löwe« leistet den mechanischen Anteil der Regelung, die Abwägung des Gleichgewichts obliegt Entsprechungen von

»Waage« (bes. Wärmezentrum). In der Gleichmäßigkeit ihrer Arbeitsleistungen bestimmt die Herztätigkeit dasjenige Grundmaß organischer Eigenzeit, das im Puls zum Ausdruck kommt; eine unpedantische Norm, die sich mit Anforderung und Gesamtbefinden verändert. Diese Tätigkeit unterliegt keiner bewußten Willkür, doch in Wechselwirkung mit dem Seelischen, bei Aufregungen, kann »das Herz schneller schlagen«, können »die Pulse fliegen«.

In einem Zusammenhang mit der Gesunderhaltung des Organismus steht die Überschreitung der Norm im Fieber, soweit es eine Maßnahme der Sicherung bei Infektionen darstellt. Dieser klassische Fall lebendiger Existenzsicherung gegen Gefahr von außen (Sonne contra Saturn) bringt Entsprechungen aller fixen Zeichen zum Zusammenspiel, indem die Meldung »Fremdkörper« den Einsatz des ganzen verfügbaren Blutes herausfordert, um bluteigene Gegenwirkungen zu bilden, welche das Bedrohliche kampfbereit angehen. Zuerst erfolgt das Frostgefühl (Wassermann, saturnal), der Temperaturfall erweckt Unbehagen und subjektiven Abwehrreiz (Stier), nun setzt die beschleunigte Herzarbeit und die Bildung von Makrophagen (Phagozyten, das heißt Freßzellen) ein, begleitet von Temperaturerhöhung (Löwe), schließlich kommt die »marsische« Polizeiaufgabe der Makrophagen zur Geltung, sie fangen die Fremdkörper ab, umschließen und fressen sie, während eine andere Art von Blutzellen, die Lymphozyten, solche Eindringlinge durch chemische Einwirkung unschädlich machen (Skorpion). Das so entstandene Fieber kennzeichnet einen Höhepunkt der mechanischen Blutarbeit im Augenblick von Gefahr für den Gesamtbestand.

Diese Art Fieber ist allerdings zu unterscheiden von dem auch »Muskelfieber« genannten Muskelkater, genauer der Milchsäureblockade. Die durch exzessive Muskeltätigkeit erzeugte überschüssige Milchsäure muß durch den Sauerstoff des Blutes gebunden und, in der Leber zu Glykose umgesetzt, auf dem Blutweg den Muskeln wieder zugeführt werden.

Wieder etwas anderes ist, was landläufig unter »Nervenfieber« bekannt ist, entstehend aus einer Diskrepanz zwischen zugeleiteten Wahrnehmungsreizen einerseits und der Denkspontaneität anderseits; entweder wird man mit überschüttenden, aufreizenden Eindrücken nicht fertig oder leidet umgekehrt an Reizmangel, steht geistig überaktiv im Mißklang zum Feld der Wahrnehmungen (gestörte »Widder«- und »Waage«- sowie »Zwillinge«-Entsprechungen).

Bei der unmittelbaren Lebensgegenwärtigkeit, bekannt aus dem seelischen Bild von »Löwe«, unterfestigt der unbeirrte Übergang von Empfinden in reflektorisches Handeln die Situationsbeherrschung. Es gibt darin sozusagen arteigentümliche Könnensformen, ohne Anteil des Bewußtseins ausgespielt, wann und wo sie gebraucht werden (zum Beispiel resolutes und instinktiv richtiges Zupacken bei Verletzungen, ohne erworbene Kenntnis tauglicher Maßnahmen). Als organische Entsprechung gehören hierher die Reflexbögen im Zentralnervensystem, genauer die Aufgabe der grauen Substanz im Rückenmark (die Sofortschaltung: hintere sensible Wurzel – Hinterhorn – Vorderhorn – vordere motorische Wurzel). Berühren wir etwa mit dem Finger unerwartet etwas Heißes, so bewirkt der heftige Hitzereiz über einen solchen geschlossenen Reflexbogen das sofortige Zurückziehen des Fingers, bevor uns der Vorgang bewußt wird; bei komplizierteren Handlungen steigt die Erregung im Hinterhorn erst aufwärts ins Großhirn zur Beurteilung der Situation. Für die »Löwe«-Einstellung zur Welt ist kühle Kenntnisnahme und bewußte Absichtlichkeit irgendwie etwas Sekundäres gegenüber dem Drang, zu handeln, den mit der Empfindung verknüpften Gefühlen, die bei Anteilnahme mit einer Sache im beschleunigten Puls zum Ausdruck kommen.

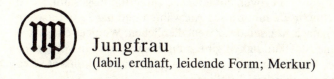

Jungfrau
(labil, erdhaft, leidende Form; Merkur)

Unter dem labilen Zeichen bleibt noch die restliche Durchführung der Aufgaben des II. Quadranten zu leisten, auf konkrete Substanz bezogen wie einem Erdzeichen gemäß, in leidender Form, also angepaßt an Dargebotenes. Vornehmlich muß die Arbeit an den Verbrauchsstoffen zu Ende geführt werden hinsichtlich ihrer Scheidung, ihrer Übernahme in den eigentlichen Körperbestand; dem reihen sich hierzu nötige mechanische Vorgänge an, unwillkürliche sowie die nervenmäßige Beziehung der inneren Organe aufeinander.

Mit der Resorption des Speisesafts durch die in den Darmzotten gelegenen Chylusgefäße wird einerseits die Aufgabe der Überführung in den »Eigenraum« bewältigt, anderseits die Scheidung der verwertbaren von den unverwertbaren Stoffen, zugleich der verwertbaren Stoffe unter sich. Eine analytische, Nutzhaftes zuleitende Funktion. Die im Darmschlauch vorhandenen resorbierbaren Stoffe befinden sich vom Blickpunkt des Stoffwechsels noch außerhalb der Körpergeschlossenheit. Nun müssen sie vom Auszuscheidenden getrennt und dann differenziert übernommen werden, damit ist die Assimilation vollzogen. Dem entspricht gestaltmäßig der grazile Bau und die Vielzahl der Zotten bzw. der Chylusgefäße. Seine große Aufgabe am Nährstrom des Lebens vollbringt dies funktionale Prinzip sinn- und sachgemäß in detaillistisch aufgesplitterter Form. Passiv ist es hinsichtlich des Stoffes, der ihm geboten wird, es kommt lediglich in der Auswahl am Vorhandenen zur Wirkung. Darin liegt die trigonale Verwandtschaft zum »Stier«-Zeichen; nur geht die Wahl jetzt nicht auf Ermittlung des summarischen Schwellenwertes »Zulassung oder

Abwehr«, bezogen auf leibliche Integrität insgesamt, sie ist vielmehr ein minuziöses Auswählen und hat zu unterscheiden nach Klassen des Zweckdienlichen. Wenn es eine arteigene Stoffkundigkeit gibt, dann liegt sie hier in verfeinertster Weise vor, eine sozusagen ganz und gar konkrete Leistung gewordene Intelligenz.

Verwandt dem »Krebs«-Zeichen ist »Jungfrau« im passiven Eingehen auf das Vorgefundene. Haben wir aber dort, kardinal, die variable und gestaffelte Einleitung chemischer Prozesse, wodurch noch im Darm die Verdauungssäfte der Bauchspeicheldrüse, der Galle und der Darmdrüsen zur weiteren Aufschließung des Speisebreies beigesteuert werden, so waltet hier, labil, eine ausführende, konstatierende Unterscheidungsgabe; während ferner dort auch Unverdauliches in den Prozeß einbezogen wird (Aufweichung, Quellung im Magen), läßt dieses Funktionsprinzip das Unverdauliche abfallen und sondert das Verwertbare aus.

All dies kommt in den seelischen Entsprechungen des »Jungfrau«-Typus (sinnvoller Name für die selbstbewahrende Eigenschaft) zum Ausdruck, in seiner mimosenhaften Empfindlichkeit gegen Wesensfremdes, den zuweilen kleinlichen Abwehrhaltungen, bei emsiger Auswahl und Nutzung persönlicher Aufbauwerte. Die Welt dieses Typus splittert sich auf in stückweise gesehene zweckdienliche Dinge, mosaikartig zusammengesetzt nach mechanischsummativen Regeln; als Entsprechung für die introversive Note, schon in der Aneignung des Angeglichenen steckend, werden wir noch die Innervierung eines komplizierten Innen-Systems finden. Blicken wir hier auf den »Krebs«-Typus zurück. Dieser sticht davon ab durch seinen ins Große strebenden, die Fülle variabler Erscheinungen in sich schlingenden Lebenshunger, der ihn auch Unbekömmliches aufnehmen läßt, das ihm nachher »im Magen liegt«, bis es im Fortgang der Individualgeschichte ausgeschieden wird. Bezüglich der Ernährung herrscht bei »Krebs« die Tendenz, sich aus Lust am Essen periodisch mit allerlei den Magen zu füllen, bei »Jungfrau« dagegen mäßige, geregelte Lebensweise mit sorgfältiger Auswahl, hoher Empfindlichkeit gegen gewisse Speisen (bei Medikamenten Wirkung kleinster Dosen), auch sonst bestehen zu Umweltlichem ausgesprochene Idiosynkrasien.

Was die Arbeit von »Jungfrau« übrig läßt, übernimmt dann »Skorpion« (fixes Zeichen des Abgabe-Quadranten) zur Hinausbeförderung, ihm ist der Mastdarm zuzurechnen. Die Prinzipien dieser beiden nach verschiedener Richtung ausgreifenden Funktionen umspielen also die – sinnvoll mit »Waage« bezeichnete – Schwelle des dazwischenliegenden Zeichens. Sie helfen das darin symbolisierte gesamtorganische Gleichgewicht zu verwirklichen. Die präzise Scheidung und Herausziehung dessen, was im Eigenraum brauchbar, ist die eine Seite, die Abscheidung der Auswurfstoffe die andere Seite der Schwelle.

Vom Gesichtspunkt der mechanischen Arbeit gehört zu »Jungfrau« weiterhin die glatte Muskulatur, aus ihr besteht der Schlund und der ganze Darmtrakt bis zum After, ihre Hauptaufgabe liegt in der peristaltischen Bewegung. Diese Bewegung erfolgt unwillkürlich, nur am Eingang des Schlundes (»Stier«) und am Ausgang des Mastdarms (Gegenzeichen »Skorpion«) kommt eine willkürliche Beeinflussung hinzu. Im Ureter (Harnleiter) liegt ferner eine Abhängigkeit vom Nervenreflexbogen vor. Diese zusätzlichen Momente sind aber zu unterscheiden von der reinen Muskelbewegung als glatter Muskel.

Glatte Muskeln dienen ausschließlich unwillkürlichen Bewegungen, darin gegensätzlich zur gestreiften Muskulatur (siehe »Schütze«). Schon geringe Temperaturänderungen bilden für glatte Muskeln große Reize, gegen elektrische Ströme dagegen sind sie viel unempfindlicher als die quergestreiften Muskeln. Der wesentliche Unterschied außer dem des Baues liegt in der Zeitdauer der Zusammenziehung. Im Gegensatz zur Zuckung der quergestreiften Muskeln ist diese Bewegungsform bei der glatten Muskulatur ein sehr langsamer, nachhaltiger Vorgang. Auch die Latenzperiode (siehe »Schütze«) dauert so lange, daß man die Zeit zwischen Reiz und Wirkung mit der Uhr messen kann; hat dies zwar unter sich wieder Verschiedenheiten, so ist doch der Zuckungsvorgang im allgemeinen 100mal langsamer als bei den quergestreiften Muskeln. Ähnlich wie bei diesen ist die Dehnbarkeit, Verkürzungsgröße und -kraft; der Erregungsvorgang beschränkt sich aber niemals auf eine einzelne Stelle, sondern stets ist der ganze Muskel in Tätigkeit. Analoge Erscheinungen im seelischen Bilde sind Reaktionsart und -schnelligkeit (Raschheit des Anspringens auf das Wesentliche, worüber die mercuriale »Hast«, im Beiläufigen sich verlierend, oft täuscht); der Unterschied zwischen »Jungfrau« und »Schütze« kann dabei Punkt für Punkt aus der entsprechenden Muskelreizung in psychische Haltungen übersetzt werden.

Als einen spezifischen Ausdruck des Arteigentümlichen kann man das sympathische Nervensystem betrachten; es versorgt mit seinen vielverzweigten Geflechten das vom bewußten Willen unabhängige Leben der inneren Organe (Herz, Verdauungsorgane, Genitalien, reguläre Lungentätigkeit, Drüsensystem) und ist der Erreger der glatten Muskulatur. Eine gewisse Zentralstellung hat darin das Sonnengeflecht (Solarplexus oder Plexus coelicaus). In der symbolischen Sprache der Alten wurde diese im inneren Organbereich versenkte Innervierung als »Baum des Lebens« unterschieden vom Gehirn-Rückenmarksystem als »Baum der Erkenntnis« (und des Todes, bei Vereinseitigung des Verstandeswesens). Unter den Entsprechungen der oberen Ebenen berührt dies die »verborgene Seite« bei »Jungfrau«; gerade hier nämlich finden wir hinter kritisch-analytischem Verstandesdenken meist eine versteckte Zugänglichkeit für irrationale Naturzusammenhänge, hinter selbstbewahrender Egozentrizität einen ausgesprochenen Familiensinn.

In all seinen Entsprechungen erweist sich »Jungfrau« als Merkurzeichen dem ökonomischen Prinzip gehorchend, dem Grundsatz, daß das kleinste Kraftmaß, im richtigen Augenblicke und am richtigen Orte eingesetzt, größte Wir-

kung erlangen kann. Auch die uns empirisch unbekannte Funktion des Blinddarms (Wurmfortsatz) mag dieser Art sein; er ist eine Drüse und hat als solcher eine Sekretion, die nicht ohne Sinn im Organismus sein kann. Dies gebietet, bezüglich der »Belanglosigkeit« seiner operativen Herausnahme kritischer zu sein als es in den letzten Jahrzehnten häufig der Fall war.
Organismus sein kann. Dies gebietet, bezüglich der »Belanglosigkeit« seiner operativen Herausnahme kritischer zu sein als es in den letzten Jahrzehnten häufig der Fall war.

Bei der Frau besteht eine gewisse Beziehung des Zeichens zu den Ovarien (Eierstöcken), nicht aber zu deren eigenen Organfunktionen, sondern zum rhythmischen Vorgang, in dem das gereifte Ei durch die Tuben aufgesogen wird. (Damit zusammenhängende periodische Schwankungen der weiblichen Psyche, hinüberspielend zum Gegenzeichen »Fische«).

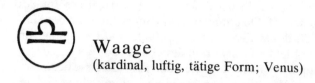

Waage
(kardinal, luftig, tätige Form; Venus)

Wir kommen nun wieder zu einem Quadranten der Bezugnahme auf die Umwelt, gegensätzlich aber zu derjenigen im I. Quadranten. Wenn wir vom »Gesamtwohlbefinden« sprechen, so erstreckt sich dies nicht nur auf den subjektiven Zustand, wie er bei »Stier« als Behagen erlebt sowie, durch Sperrung gegen schädliche Anderheiten, unversehrt zu erhalten getrachtet wird. In einem aktiveren Sinne meinen wir vielmehr das harmonische Zusammenspiel aller Bestandteile des Organismus, worin assimilierte ehemalige Fremdsubstanz enthalten ist, und meinen seine Funktionen nicht nur auf sich allein bezogen, sondern zugleich eingepaßt in das »Jeweils« einer bestimmten Umwelt. Damit wenden wir uns Entsprechungen des anderen Venuszeichens »Waage« zu. In ihm finden wir das wache, sinnesgegenwärtige, weltoffene und situationsangepaßte Harmonieprinzip, während jenes der Harmonie in sich allein das Lebewesen zur Abkapselung führt, zur Stillegung von Funktionen, zur entwicklungslosen bloßen Erhaltung seines naturwüchsigen Soseins.

Hierher rechnet zunächst die Zusammenschaltung der Sinnestätigkeit. Ist sie für sich genommen ein nervöser Vorgang und liegen die wichtigsten Sinnesorgane am Kopfe (Gesicht, Gehör, Geschmack, Geruch), so befinden wir uns doch prinzipiell im Gegensatz zum Hirnpol, wie unter »Widder« verstanden. Insofern nämlich, als es um kombinierte Reizerregung geht, die von außen her Anlässe beibringt, durch welche die spontane Denktätigkeit zu willkürhaften Äußerungen aufgerufen wird. Dies ist das Venushafte des Zeichens: durch Nichthandeln bewirken, während der Anstoß zum Handeln vom marsischen Gegenspieler ausgeht. Als kardinales Zeichen des Lufttrigons eröffnet es darum den III. Quadranten: zum Unterschied von der Subjektivität des Willens und der Gefühle sind Empfindungen bereits objektive Antworten des Geistes auf Reize, sie lenken zum Eingehen auf momentane Erfordernisse der äußeren Lage. Wir hören oder sehen eine unmittelbare Gefahr herannahen, wir frieren oder es ist uns zu heiß, die Höhenlage oder die Lebensweise bekommt uns nicht; wird uns dies durch Empfindungen bewußt, so handeln wir dementsprechend. Das Handeln, die Maßnahmen haben ihren Grund in der durch Sinnestätigkeit – darin sowie als Veranlasser ist »Waage« ein Zeichen tätiger Form – vermittelten Umwelt bzw. mit dieser in Zusammenhang stehend einer innerkörperlich empfundenen Störung des Gleichgewichts. Gerade bei diesem kardinalen Luftzeichen wird uns allerdings fühlbar, daß wir aus stofflichen Partikeln und dem Bau von Organen nur die apparathafte Seite der Vorgänge, nicht das Wesen kombinativen Bewußtwerdens erklären können.

So läßt sich für dieses funktionale Prinzip, das den Organismus als Gemeinwesen lebender Zellen in Einklang mit seiner Umwelt vertritt, als Entsprechung der organische Gleichgewichtssinn, doch kein Hauptsitz angeben. Der allseitig harmonische, situationsangepaßte Gebrauch der Sinnesorgane macht die Intelligenz des »Waage«-Typus aus, sein Plus besteht in der Diagnose des Vorfindlichen und der Ermittlung des Punktes, an dem ein Ausgleich herzustellen wäre. Körperliche Entsprechungen dabei sind die als Schaltungs- und Kombinationszentren geltenden nervösen Organe; ihr örtliches Zusammentreffen mit Entsprechungen des Gegenzeichens »Widder« im Gehirn veranschaulicht, wie das polar Gegensätzliche einander bedingt und ineinandergreift.

Über den bewußten Umweltsbezug hinaus geht es aber um das Zusammenspiel sämtlicher innerkörperlicher Vorgänge gegenüber den Außenbedingungen der Temperatur, des Klimas, der Lebensverhältnisse. Organisches Gleichgewicht muß ständig neu ertätigt werden gegenüber einer ungleichartigen Vielheit wechselnder Momente. Als Fließgleichgewicht ist es zu unterscheiden vom statischen Gleichgewicht, das wir unter »Stier« fanden; dieses betrifft nur das Gewichtsverhältnis der Körperpartikel und stellt sich mechanisch her durch ausgleichende Koordination der Muskelgruppen, hierbei gibt es Ruhelagen. Doch ist darin z.B. nicht die Erhaltung des Druckausgleichs inbegriffen. Die Atmosphäre preßt mit einem Gewicht von 1 kg pro qcm auf unsere Haut, wir verspüren diesen Druck nicht, da der Organismus, hierauf eingestellt, einen gleich starken Innendruck dagegensetzt. Bei Luftdruckveränderungen muß die Einstellung jeweils angeglichen werden, wenn auch der Normzahl gegenüber in geringfügigen Beträgen; ihre Wichtigkeit für das Gesamtbefinden zeigt sich aber bei rapiden Druckveränderungen (Sturzflug, Bergbahnfahrt usw.).

Ein Zusammenwirken beider Venuszeichen tritt etwa bei plötzlicher Verpflanzung aus Höhen- in Seeklima ein, indem in den ersten Tagen der Umstellung sich ein starkes Schlafbedürfnis geltend macht. Bei allen Umgewöhnungen, schwankenden Bedingungen ist der »Waage«-Typus durchschnittlich rascher angepaßt als der »Stier«-Typus, dasselbe gilt für Störungen durch Scirocco, Föhn sowie die sog. Bergkrankheit (nicht zu verwechseln mit dem psychischen Schwindelgefühl beim Erblicken des Abgrunds). Hierher gehört eine gewisse Dehnbarkeit der Grenzen des dem menschlichen Organismus Erträglichen, des Eintretens von Kopfschmerz, Zirkulationsstörungen, Atembeschwerden, Nasenbluten usw. in großen Höhen (Himalaya-Expeditionen) oder Geschwindigkeiten (Düsenflieger). Umstellungen umfassen vor allem solche auf Dauerverhältnisse, z.B. auf fettarme Nahrung im Tropenklima, fettreiche im Polarklima, auf die jeweiligen Landesprodukte, auf feuchtes Seeklima oder trockenes Wüstenklima und endlich auf die Art der Bodenemanation. Eine Summe von Aufgaben, deren selbsttätige, nur zum Teil über das Bewußtsein gehende Lösungen zum Ausdruck dieses kardinalen Prinzips gehören.

Obwohl sich für den organischen Gleichgewichtssinn kein

Hauptsitz angeben läßt, ist er doch immerwährend in uns wirksam. Hinsichtlich des Eingehens der Atmung auf atmosphärische Veränderungen kann »Waage« lokalisiert werden im Atemzentrum, direkt allerdings angeregt aus dem Blut, durch Sauerstoffmangel bzw. Kohlensäureanhäufung, eine auf den Gashaushalt im Körper bezogene Schutzfunktion. Auch dies will im Zusammenspiel der Gesamtfunktionen verstanden sein.

Ein wesentliches Moment für die Erhaltung des Gleichgewichts im Organismus liegt in der Ausscheidung unbrauchbarer Stoffe. Ist das Ausscheidungssystem gestört, so erfolgt innere Vergiftung (wieder Bezug zu »Stier«, dem Abwehrer äußerer Gifte). Hierbei unterscheidet sich die Darmexkretion, die gar nicht erst ins laufende Getriebe übernommene, sondern Fremdkörper gebliebene Stoffe umfaßt, vom regulären Abbau organisch verbrauchter Stoffe. Diese Hauptaufgabe obliegt der Exkretion der Nieren. Die Funktion, für welche der komplizierte Gängebau der Niere geschaffen ist (die venushafte Filtrieranlage), enthält über diese mehr mechanische Seite hinaus eine Drüsentätigkeit. Die Zusammensetzung des Harns hängt ab von der Beschaffenheit der verbrauchten Stoffe, also des Nahrungssaftes, nur die Hippursäure bildet sich nachweisbar in den Nieren. Die Harnabsonderung steht in Beziehung zum Stoffwechsel, der Hauptbestandteil, der Harnstoff, stellt die äußerste Stufe des Oxydationsprozesses dar. (Harnsäurebildung dagegen, sehr oft kristallinisch gebunden als Nierensteine, abgelagert als Nierengries, rechnet zu den diss. Saturn-Entsprechungen.) Eine große Menge für den Organismus schädlicher Stoffe wird durch den Harn mit abgeschieden; seine Bereitung und Ausscheidung sichert vor allem die konstante Zusammensetzung des Blutes, so daß also »Waage« rückwirksam harmonisierend zugunsten der »Löwe«-Funktion betrachtet werden kann. In Verbindung mit dieser Aufgabe steht eine Regulierung des Wärmezustandes; hierbei, wie bei der Entgiftungsaufgabe, zeigt sich ein gewisses Zusammenspiel mit Aufgaben der Leber. Der

Unterschied liegt darin, daß der Leber (Jupiter, dem »Heiler und Helfer«) hinsichtlich der Entgiftung und Wärmeregulierung zusätzliche Leistungen zufallen, während der Niere, ihr angeschlossen die Blase als Endstation der Filtrieranlage, die reguläre Tätigkeit zur Herstellung des Gesamtwohlbefindens aufgegeben ist.

Die Nierenarbeit steht in direkter Beziehung zur Funktion der Schweißdrüsen. In deren Ausscheidung finden sich gleiche Stoffe wie im Harn, Schweiß ist gewissermaßen verdünnter Harn. Normalerweise überwiegt die Exkretion von Verbrauchsstoffen durch die Nieren bei weitem diejenige durch die Schweißdrüsen, während die Wasserausscheidung der letzteren zeitweise diejenige durch die Nieren annähernd erreicht. Der Rauminhalt der Schweißdrüsen insgesamt, deren Anzahl in die Millionen geht, kommt ungefähr dem einer Niere gleich. In der normalen Wasserausscheidung stellt die Tätigkeit der Schweißdrüsen eine Nebenfunktion zu derjenigen des Nieren-Blasen-Systems dar. Doch beim Ausfall der Nierentätigkeit kann diese Aufgabe hinsichtlich der Ausscheidung von Verbrauchsstoffen verstärkt werden. Daher große Schweißabsonderung bei herausgenommener Niere, auch das Schwitzen bei Lungentuberkulose; hier ist die Nierenfunktion überbeansprucht, und die Schweißdrüsen übernehmen ihre Aufgabe zum Teil mit.

Grundlegend wichtig für das Gesamtbefinden ist das Gleichgewicht im Hormonhaushalt, die gegenseitige Abstimmung der Sekretionen aufeinander. Jede Drüse hat ihre besondere Funktion und Bestimmung (Planetenentsprechung, die Wirkkräfte äußern sich hier unmittelbarer als im Werkzeughaften), etwas anderes ist das Zusammenwirken aller innersekretorischen Drüsen und das Gleichgewicht darin. Die Regulierung im Sinne der Bewahrung artgegebener Norm geht vermutlich von den Sexualhormonen aus (venusbezogen), dagegen abnorme Veränderungen, Zwerg- oder Riesenwuchs, stehen in Zusammenhang mit der Hypophyse (neptunbezogen, »höhere Oktave«). In gewisse Momente der Normerhaltung schaltet sich wahrscheinlich die

Funktion der Nebennieren ein (Störungen, z.B. Addisonkrankheit: teilweise Pigmentierung der Haut und des Gaumens, braune Flecken. Gegenbild: Albinos, Aussetzen der normalen Pigmentierung). Ihr Adrenalin ist unerläßlich für die normale Funktion der vegetativen Nerven und die Regelung des Blutdrucks.

Wir nähern uns der klassischen Zone der Lenden, deren Bau und Mechanik (wiegender Gang des »Waage«-Typus) wohl zum Symbol beigetragen hat. Ihren Gegensatz als Geschlechtspol zu »Widder« als Kopfpol erhält sie als Stätte der Herausbildung lebensfähiger Keime zur Fortpflanzung. Hier liegt die entscheidende Wendung aus dem vom Kopfpol her Bestimmten, dem was der Ichdurchsetzung, der Einzelexistenz dient, in das auf Koexistenz, auf ein »Du« hin Angelegte. Unmittelbare organische Entsprechungen sind Ei- und Samenzelle, die in der Verschiedenheit ihrer Bildung und Funktion zum Ausdruck kommende Teilung der Geschlechter, zur Ergänzung im anderen, zur Kräftesynthese strebend. (Eine nicht nur äußere Veranschaulichung der »coincidentia oppositorum«, wenn man die geheime Beziehung der Keimdrüsen zur geistigen Produktivität bedenkt).

In der Keimanlage und Empfängnis kommt die Mars-Signatur des männlichen, die Venus-Signatur des weiblichen Geschlechts zum Ausdruck. Samenbildung ist keine Sekretion im Sinne der Aussonderung ungeformten Stoffs, vielmehr handelt es sich um Abstoßen von Follikelzellen der Drüsen selbst; es tritt eine Verselbständigung von Teilen der ursprünglichen Samenzelle ein im Kopf, sodann gemäß der Kernsubstanz vermehrt durch den sog. Nebenkern, während der Schwanz aus dem Protoplasma hervorgeht. Die entstandenen »Geißeltierchen« haben eine Eigendynamik durch Flimmerbewegungen (siehe »Schütze«). Die weiblichen Eizellen sind schon in den Primordialfollikeln des embryonalen Eierstocks vorhanden und verändern sich nicht merklich, bis das geschlechtsreife Alter erreicht ist. Bei der periodischen Loslösung des Eies durch Platzen seines Follikels geht eine innere Veränderung vor sich, die Reifung. Mit dem Eindringen des Spermas in das Ei ist die aus den Sexualhormonen gesteuerte Aufgabe von »Waage« getan, nun verschmelzen die männlichen und weiblichen Vorkerne zur neuen Synthese und davon geht die weitere Entwicklung aus.

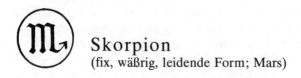

Skorpion
(fix, wäßrig, leidende Form; Mars)

Beim fixen Zeichen des Quadranten, der aus dem Eigenraum in den Umraum hinausweist, steht als dringliche Aufgabe die Ausscheidung von eingeführten, aber unverwertbaren Fremdstoffen. Es stellt darin die Basis der Sicherung gegen »Stuhlvergiftung« des Organismus dar. Diese Aufgabe hat wie diejenige des Gegenzeichens »Stier« die organische Unversehrtheit zu wahren, die Funktion liegt aber gegensätzlich, analog der zum I. Quadranten umgekehrten Umweltsbeziehung des III. Wird in »Stier« das Organismus-Innere gegen Aufnahme von schädlichem Äußeren geschützt, so muß in »Skorpion« eingedrungenes Äußeres, das bei längerem Einbehalten den Organismus vergiften würde, ausgestoßen werden. Genügt für jenes Abwehren bei »Stier« ein Eingestimmtsein auf den Eigenbedarf, das sich anderem verschließt, ein in sich selbst beruhendes ästhetisches Wahlmoment, so braucht »Skorpion« dagegen Kriterien der Unterscheidung des Fremden vom Eigenen, die, weil keine hirnlich erworbenen Abstraktionen, als Kennzeichen eines im ganzen Körper, ja Wesen wachsamen Selbstsicherungsinstinkts anzusprechen sind.

Gehen wir gleich auf das analoge seelische Erscheinungsbild ein. Hier drängt sich die korrektive Form dieses Sicherungsinstinkts als typisch auf: er verschließt den Menschen nicht vor Gefahren, läßt nichts unerprobt, sondern eine Experimentierlust treibt versucherisch hindurchzugehen durch Fremdberührung, seelische Ansteckung, Schuld und tritt während der erzeugten Krise als Selbstreinigungsmotiv (Katharsis) hervor; eine Haltung, die geradezu Verwundung, Schmerz, Verluste und Leidenssituationen zur Aufrüttelung der Abwehrkraft braucht. Von da rührt die affektive Kritik an dem als schädlich Verurteilten, ihre sezierende, mitleidlose Schärfe her, ihr Radikalismus, das Drastische und ästhetisch Eingestellte oft verletzende im Ausdruck.

Mit dem Stoffwechsel hat dies funktionale Prinzip in bezug auf Abfall und Ausschwemmung zu tun, zu ihm gehört der Prozeß der Reinigung von Schlacken; in leidender bzw. negativistisch »nicht leiden wollender« Form zu Vorhandenem (negatives Marszeichen) bildet es die Grundlage des Wohlbefindens. Insofern ist es lokalisiert im Mastdarm sowie in Blase und Harnröhre (in den Schleimhäuten, deren Abwehrkraft gegen Bakterien, dagegen Temperaturempfindlichkeit unter »Waage«). Dem fixen Charakter entspricht die Funktion dieser Organe als Sammelbecken, der Ansammlung reiht sich der Prozeß der Hinausbeförderung an, wobei im Durchpaß eine willkürliche Einflußnahme hinzutritt (Beziehung zum anderen Marszeichen »Widder«). Endlich rechnen hierher die Ausgänge und ihre Schließmuskel. (Bei diss. Betonung häufig Hämorrhoiden.)

In der Fortpflanzungsaufgabe geht es um Abgabe des im Organismus herangebildeten »fremden Lebens«. Hierbei ist das Prinzip eingeschaltet hinsichtlich der Genitalien (äußere), die ja praktisch zugleich die Rolle von Ausscheidungsorganen spielen. Nunmehr werden sie als Träger des Zeugungsvorganges verstanden, ihre Innervierung, die Bahnen, auf denen der Sexualinstinkt dem lokalen Reiz angeschlossen ist, rechnen hinzu, vor allem der chemische Prozeß der Schleimhäute und deren Drüsen (alkalische Reaktionen). Verwandt in dieser Reaktionseigentümlichkeit, worin »Skorpion« als Wasserzeichen auftritt, ist das Sekret der gesamten Schleimhäute, insbesondere der Nasenschleimhäute. (Bezogenheit der Nase zu den Genitalien, des Geruchssinns zum Geschlechtssinn; hingegen die in der Psychoanalyse hervorgehobene Bedeutung der Lippen als »erogene Zonen« stellt eine seelische Übertragung dar, polarisiert auf »Stier«.) Im weiblichen Organismus gilt als spezifische Entsprechung die Gebärmutter, Träger und Nährstätte des keimenden Wesens sowie der Geburtsakt, das Ausstoßen ausgereiften Kindes und die vorangehenden Wehen. Vom Blickpunkt des austragenden Individuums betrachten wir das Kind, ungeachtet der aus »Krebs« gesteuerten mütterlichen Verbundenheit, als Fremdwesen; dem Gattungszweck ist hierin biologisch gesehen ein »Wirts-Gast-Verhältnis« dienstbar gemacht, das sich im Reifezeitpunkt beendet. (Zu den diss. »Skorpion«-Entsprechungen rechnet erhöhte Empfänglichkeit für Infektionen.)

Nicht ohne Grund ist »Skorpion« das alte Wiedergeburtssymbol; bei seelischen Entwicklungen macht es sich in einem Phasencharakter geltend, worin sich Wert- und Zielsetzungen episodenhaft erneuern. Dem Aufgreifen einer umwälzenden Anregung folgt ihre Durchbildung, ihr Ausreifen zu einem Ergebnis, durch das eine solche Phase ihren Sinn findet, damit ist sie überlebt und wird wie etwas Fremdes, nicht mehr Tragbares abgetan. Besonders auf künstlerische und geistige Werte bezogen wird dies als »innere Gebärfähigkeit« fruchtbar. Bei unproduktiven Naturen dagegen erfolgen zeitweise Überfremdungen, sich Herumschlagen mit nicht assimilierten Anregungen, wenn nicht ein »sich mit fremden Federn schmücken« eintritt oder, noch primitiver, Aussagen anderer, Zehren auf fremde Kosten, Schmarotzertum.

Auch für das letztere gibt es eine organische Entsprechung, ein anderes Wirts-Gast-Verhältnis, nämlich der zur Darmarbeit nötigen, im Dickdarm an einer Art Gärung beihelfenden Parasiten. Ein Rückblick auf »Waage« und »Jungfrau« lehrt folgendes: nützlich oder schädlich richtet sich hierbei nach dem organischen Gleichgewicht; ist dieser Schwellenwert gestört und kommt es zum Überhandnehmen der Darmbakterien, so können diese die Darmwand durchwandern und sekundäre Krankheitswirkungen in Eierstock und Gebärmutter hervorrufen. Anders liegt es natürlich mit den eo ipso schädlichen großen Wurmparasiten (Gegenzeichen »Stier«: Häufigkeit im kindlichen Aufbaualter), diss. »Skorpion«-Entsprechungen.

Die Schweißabsonderung ist nicht nur als Nebenfunktion

der Nieren zu betrachten, unter »Waage« fallend hinsichtlich Zubereitung, Zusammensetzung und Hindirigieren der auszuscheidenden Stoffe zur Haut. Sie rechnet zu »Skorpion« als Reinigungsakt sowie als direkte Schutzmaßnahme. Wenn erforderlich, kühlt nämlich die vermehrte Wasserverdunstung den Körper ab und erhält ihn so von außen her in normaler Temperatur. Unter diesem Gesichtspunkt spielt das Schwitzen bei großer Hitze in die Wärmeregulierung hinein, durch Wasserzufuhr wird die Ausscheidung immer wieder angeregt. Dasselbe Prinzip des Schaffens einer Schutzschicht drückt sich in der Arbeit der Talgfollikeln aus. Die Ausfuhr von Hauttalg ist zugleich ein Hautschutz, die Haut wird dadurch eingefettet und geschmeidig erhalten. Das gleiche gilt für die Haarbalgdrüsen, die das Haar einfetten.

Bei den genannten Erscheinungen denken wir an die Schutzeinrichtung, während die Bereitung der jeweils nötigen Stoffe unter »Waage« gehört. Nicht nur an der Körperperipherie ist »Skorpion« in dieser Form wirksam. Seine klassische Tätigkeit entfaltet das Prinzip im inneren Getriebe des Organismus, in der Polizeifunktion der Leukozyten. Deren gegebenenfalls nötige Aufgabe und Fähigkeit besteht darin, Fremdkörper abzufangen und unschädlich zu machen durch chemische Einwirkung. Hier rechnet unter »Skorpion« die Fähighaltung des Protoplasmas dafür und sein »in Bereitschaft stehen«, während das System des Meldeapparats saturnaler und mercurialer Natur ist, die Kampfkraft der zum Ort der Gefahr dirigierten Leukozyten wieder marsisch. In der scharfen Wachsamkeit tritt das Zeichen als Selbstschutzinstinkt auf. Als dessen weitere Ausdrucksform, doch nicht nur Abwehr, sondern Wiederaufbau betreffend, reiht sich der Aufruf an die Granulationszellen zur Schließung einer Wunde an, die Fähigkeit zum Ausheilen von Verletzungen.

Genugsam bekannt sind im seelischen Erscheinungsbild die militanten Fähigkeiten des »Skorpion«; während der niedere Typus dadurch selbst aggressiv zerstörerisch wirkt, stellt der höher entwickelte diese Kampfkraft in den Dienst übergeordneter, sozialer Aufgaben, streitbar für gemeinschaftliche Wertsymbole, auch schützt er instinktiv die Ergebnisse seiner Arbeit gegen zerstörende Einflüsse. Überall betrifft dies fixe Zeichen die Grundlagen des Bestands im Vergänglichen; so rechnet hierher die Wiederherstellung nach Schockwirkungen, auch Neuanpassung an radikal veränderte Verhältnisse, wobei in der verfügbaren Energie (deren Bedingtheit s. »Streß«-Theorie, sog. Anpassungskrankheiten) Seelisches und Leibliches besonders intensiv ineinanderwirken.

Verknüpft mit diesen Instinkten und Energien sind die sog. Gemeingefühle: Schmerz als Gefahrzeichen, Hunger und Durst (nicht das örtlich im Magen begründete Gefühl oder psychisch beeinflußter Durstreiz, sondern allgemeiner Gewebshunger bzw. Wasseranforderung), ferner Kitzel- und Schaudergefühl. Zum Unterschied von den Sinnen als lokal angeregte spezialisierte Reaktionen haben wir in der Reaktionsart der Gemeingefühle gleichsam einen »Sinn der Sinne«. Der Schmerz, der überall nach Bedarf auftreten kann, ist der Hilferuf des betroffenen Teils zur Aktion der übrigen Teile, insbesondere der zur Hilfeleistung geeigneten Zellen. Bei Lebewesen, in deren Anlageplan das Zentralnervensystem noch nicht so beherrschend hervortritt, kann die wachgerufene Regeneration bis zum Wiederersatz ganzer Gliedmaßen gehen; bei uns ist sie in der Hauptsache auf Regeneration der quergestreiften Muskelfaser nach teilweisem Zugrundegehen infolge langdauernder Erkrankung, Vergiftung usw. eingeschränkt sowie auf die Wundheilung. Nur auf seelischer Ebene erfahren wir echte Regeneration von »Seelenorganen«. Eine bedingtere Auswirkungsweise liegt in der Vikariierung. Diese besagt: bei Ausfall der Funktionen eines Organs tritt das symmetrische Organ oder, soweit möglich, eine Neubildung von Gefäßnetzen dafür ein.

Die Geltung als Zeichen leidender Form und zugleich Marszeichen erweist sich in allen Entsprechungen darin, daß

Aktivität durch Erleiden geweckt wird. Demgemäß die seelischen Analogieerscheinungen: erst Erleiden, Schmerz, Verlust, drohende Gefahr und Katastrophe rufen die volle Einsatzkraft hervor. Bei Hochentwickelten steht dies im Dienst des Gemeinwohls, bis zum freiwilligen Selbstopfer für überindividuelle Werte. Bei Minderentwickelten stülpt sich die naive Ichhaftigkeit von »Widder« um in affektive Ichsucht, auf dem Boden geheimer Selbstbezweifelung übertriebener Beweise bedürftig. Als krankhafte Selbstbezogenheit im Aufsuchen der Leidenssituation gehört der Masochismus hierher (Gegenbild der anderen Leiden schaffen Sadismus) sowie die Vermeintlichkeit des Leidens in der Hysterie, wieder anderen wird Geschlecht zur »Leiden«schaft im wörtlichen Sinne. Die ambivalente Bezogenheit auf Geburt und Untergang sowie sein Verhältnis zu den Gemeingefühlen tragen zur untergründigen Note dieses Zeichens bei.

Schütze
(labil, feurig, tätige Form; Jupiter)

Ein labiles Zeichen, ein feuriges und also ein solches tätiger Form, bezogen auf den III. Quadranten, dies besagt, daß sich die Motorik innerhalb des Umraumes, mechanische Arbeit vordrängt. Für Bewegungen großen Ausmaßes enthält der Gestaltbau unseres Körpers das angewandte Hebelprinzip in den Gliedmaßen und ihrer Muskulatur. Darauf beruht ihr Jupiterhaftes, die expansive, raumerobernde Leistung. Sie kommt zustande durch Umsetzung chemischer Kräfte in mechanische Arbeit. Die Abgabefunktion heißt hier: Auswertung der im Körper erzeugten Kalorien. Die so organisierte Ausgabe von Energie führt durch, was vom kardinalen Zeichen des Feuertrigons an befehlenden Impulsen ausgeht; demgemäß steht »Schütze« in einem besonderen Verhältnis zum Ichwesen, nämlich leistungshaft auf Umweltliches bezogen. Die allgemeine Beziehung zwischen Feuer, und Lufttrigon besteht darin, daß Bewegungen als Produkt gemeinsamer Betätigung des Gehirns und Rückenmarks aufzufassen sind. Die besondere Gegenspannung aus »Zwillinge« spielt dabei insofern in den muskulären Vorgang hinein, als die Fasern sich auf grund von Nerveneinwirkung zusammenziehen.

Es gibt 3 Bewegungsarten in unserem Körper.

1. Die der Protoplasmazellen, hauptsächlich der Leukozyten; sie können sich amöbenartig auf einen Körper zu bewegen, ihn umschlingen und aufzehren. Diese Bewegungsart ist der »Polizeisicherung« dienstbar gemacht. (Auf das Vorkommen der Leukozyten im Blut sind gewisse, unter »Schütze« angetroffene Blut-Erkrankungen zurückzuführen).

2. Die der Geißelzellen durch Flimmerbewegungen; feine Härchen führen schlagende Bewegungen aus, regelmäßig nacheinander abwellend. Solche Zellen finden sich am Ende vom Eileiter im weiblichen, als Spermatozoen im männlichen Organismus. Diese Art von Zellen gehören streng genommen nicht mehr zum eigentlichen Individuum, obzwar von ihm herangebildet, da sie auf ein »Du« der gleichen Art, auf Fortpflanzung hin gebildet wurden. (Widerspiegelung im projektiven »auf etwas hin leben«, dem »Ziel vorauswerfen« der typischen »Schütze«-Haltung.) In diesen beiden Bewegungsarten, vor allem der zweiten, können wir eine untergründige Bezogenheit der offenbar liegenden Äußerungen des Prinzips verankert sehen.
3. Die Bewegung der Muskelfasern (Fibrillen); unter »Schütze« rechnen die quergestreiften Muskeln, welche das System der eigentlichen Bewegungsmuskulatur ausmachen.

Die Verkürzung der Muskelfasern beruht auf Veränderung der einzelnen Muskelelemente, ihre Leistung auf der Zugkraft, die bei der Verkürzung durch sie ausgeübt wird. Hierbei tritt ihre wichtigste Eigenschaft hervor, die elastische Dehnbarkeit. Der Elastizitäts-Koëffizient des Muskels ist um mehr als 4000mal größer als der des Stahldrahtes. Die Dehnbarkeit nimmt bei Zunahme des belastenden Gewichtes rasch ab und erreicht bald eine Grenze, ab der nur noch Zerreißen möglich ist. Bei längerer Gewichtsbelastung kommt die elastische Kraft des Muskels nicht zu einem Ruhestand (wie bei der Stahlfeder), sondern wird mit dauernder Einwirkung der gleichen Last immer geringer. Wenn man den Muskel nach der Belastung frei läßt, schnellt er nicht gleich in seinen Ausgangszustand zurück, sondern behält zuerst eine gewisse Dehnung, um nach einigen Minuten wieder seinen Ausgangszustand zu erreichen. Der Muskel ist eigens für den Zweck gebaut, in Tätigkeit zu geraten, alles ist sinnvoll auf diese Fähigkeit hin eingerichtet. Auf verschiedene Reize reagiert der Muskel in derselben Weise, indem er sich zusammenzieht. Er wird im Körper auf eine noch unbekannte Art gereizt (Gegenprinzip »Zwillinge«). Nerven und Muskeln gehorchen dem allgemeinen Bewegungsgesetz: für den Grad der Wirksamkeit eines Reizes ist nicht allein seine Stärke maßgebend, sondern auch die Stärke der Zustandsänderung, die beim Reiz entsteht. Ein schwacher Reiz, der plötzlich eintritt, erregt stärker als ein ganz starker, der allmählich einwirkt. Zugleich ist also die Zeitspanne wichtig, in der sich die Reizung vollzieht. (Bei Muskelreizung durch elektrischen Strom wirkt nicht der Strom als solcher erregend, sondern der Augenblick, in dem der Stromkreis geschlossen wird; auch Stromschwankungen wirken ein.)

An solchen und anderen Einzelheiten zu verweilen, ist äußerst instruktiv, da sie sich Punkt für Punkt in analoge seelische Momente übersetzen. Von der Gesamtzuckung des Muskels entfällt etwa $1/3$ auf das Stadium der Verkürzung (steigende Energie), während die Wiederausdehnung (Stadium der sinkenden Energie) etwa doppelt so lange dauert. Die Verkürzung beginnt rasch, nimmt langsam zu, ebenso die Ausdehnung. Die Zuckung beginnt aber nicht unmittelbar im Augenblick der Reizung, sondern eine meßbare Zeit nachher (bei genauer Messung $1/4000$ Sek., vgl. damit glatte Muskulatur unter »Jungfrau«). Dies ist das Latenzstadium. Es bezieht sich aber nur auf die Äußerung des ganzen Muskels, während die Erregung der Muskelelemente wahrscheinlich sofort einsetzt. Das Volumen des Muskels bleibt bei der Kontraktion unverändert. Wird der Muskel wiederholt längere Zeit hindurch gereizt, so ermüdet er, die Höhe der Kurve nimmt ab, die Dauer zu, vor allem bei Wiederherstellung des Ausgangszustandes. Tetanus, dauernde Reizung, ist kein Ruhezustand, sondern rasche Wiederholung desselben Reizes (bzw. der Reiz müßte ständig verstärkt werden, um denselben Zustand zu erhalten).

Eine wichtige Erscheinung ist, daß rasch aufeinanderfolgende Reize sich supponieren (vgl. damit Herzmuskel, »Löwe«). Die Temperatur des Muskels hat merklichen Einfluß auf die Geschwindigkeit, in welcher die Erregung und Kontraktion verläuft, somit auf die Stärke der Gesamtleistung. Der Umsatz chemischer Kräfte in mechanische Arbeit (wobei ein Teil der Energie in Wärme übergeht) ist enorm. Bezeichnet man das Verhältnis des Gesamtverbrauchs an Energie zur Größe meßbarer Arbeit als Wirkungsgrad, so beträgt der einer gewöhnlichen Lokomotive 0,02, der beim Muskel 0,33. Umstritten ist die Frage der Muskelelektrizität, deren Stromspannung man mit 0,08 Volt angegeben hat. Durch die Alterationstheorie wird ihr Vorhandensein bezweifelt, weil im Experiment erst beim verletzten Muskel nachweisbar. Doch spricht die Regelmäßigkeit des Stromverlaufs für Präexistenz beim lebenden Muskel.
Nicht nur in der Muskelmechanik als solcher kommen die funktionalen Eigentümlichkeiten von »Schütze« zum Ausdruck. Sie äußern sich auch im Zusammenwirken der Muskelgruppen, der sinnvollen Vereinheitlichung von Leistungseffekten durch Antagonisten und Synergisten (Gegenstrebende und Gleichstrebende), baumäßig begründet im System der Beuger und Strecker. Bei jeder Tätigkeit sind die jeweiligen Antagonisten mit nötig, um den Gelenken Festigkeit zu geben, beim ruhigen Halten, zum Beispiel dem festen Stand des Beins, wirken beide Gruppen gleichmäßig zusammen. Bewegung geht in diesem System aus dem Überwiegen von Spannung auf der einen Seite hervor, Festigkeit aus gleichmäßiger Spannung auf beiden Seiten. Das kardinale Prinzip des »Zusammenfallens der Gegensätze« finden wir nun im labilen Zeichen desselben Quadranten als »höhere Einheit aus Gegensätzen« dialektisch verwirklicht.

So enthält die gesamte durch Muskeln erreichte Bewegungsart drei Hauptmomente:

1. die allgemeine Beschaffenheit und Funktion der Muskelfasern, ihre Reaktion auf den Reiz durch Verkürzung;

2. die Verwendung des Hebelprinzips, wodurch die Verkürzung als Zugkraft wirkt und die Energie mechanisch ausgewertet wird;

3. die Lagebeziehung beweglicher Teile, welche das Zusammenwirken von Beugern und Streckern ermöglicht.

In den analogen seelischen Erscheinungen kehren diese drei Momente wieder:

a) als allgemeine Reaktionsweise des »Schütze«-Typus, mit allen Eigentümlichkeiten des Anspringens auf Reize, der Steigerbarkeit durch deren Aufeinandersetzung, der Elastizität, dem fliegenden »Auf« und langsameren »Ab« der Kurve usw., wobei »Verkürzung« in Willensspannung zu übersetzen ist;

b) in der mechanischen Leistungskraft des gröberen Typus, seiner sportlichen Bewegungs- und Unternehmungslust, die auch an innere Probleme sozusagen den Hebel der »Lösung durch Tat« ansetzt;

c) im Ansteuern der höheren organischen Einheit aus gegensätzlichen Strebungen beim differenzierten Typus. Gemeinsam ist das projektiv-expansive, auf weit gesteckte Ziele abgestimmte, raumerobernde Verhalten, worin sich »Schütze« als Jupiterzeichen ausweist.

Was schon als allgemeines Kennzeichen des Feuertrigons genannt wurde, der Tonus, betrifft hier die Spannkraft und Gestrafftheit in der ausführenden Bewegung. (Der lebende Muskel hat allerdings auch im untätigen Zustand einen »Ruhetonus«.) Nun gehört zur Muskelarbeit die Relaxation, die nachherige Entspannung. Als Eigenschaft ist sie dem anderen Jupiterzeichen »Fische« zuzurechnen, doch ergibt sich auf ihrer Zuständlichkeit das Verhältnis zu Punkten äußerster Anspannung, das Auf und Nieder der Leistungskurve, das vom »Schütze«-Rhythmus unzertrennlich ist, auch im seelischen Verhalten.

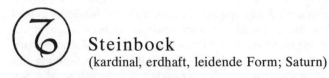 Steinbock
(kardinal, erdhaft, leidende Form; Saturn)

Austausch vom Blickpunkt des Stoffwechsels betrachtet, ist im letzten Quadranten eigentlich schon geschehen. Außer von seinen Ablagerungen kann nur von allgemeinen und für alle Wesen bestehenden Umraumswirkungen, auf die der Organismus einzugehen hat, die Rede sein. Die Bewältigung der kardinalen Aufgaben dieses Quadranten muß daher im Ausgeformtsein festester Substanz, in der bleibenden Struktur, in zeitbeständigen Einrichtungen als darin bereits enthalten gesucht werden. Hier, wo die Außenwelt die Daseinsweise beherrscht, steht also ein saturnales Prinzip zu erwarten, sinngemäß im Gegensatz zum lunaren Prinzip »Krebs«, dem im Eigenraum wirksamen Bildevermögen, das im Körperchemismus zur Auswirkung ansetzt. Die verknöcherten Teile des Organismus, die unter »Steinbock« gehören, erneuern sich auch in einem langsamen Wiederherstellungszyklus, sind insofern dem Stoffwechsel von innen her angeschlossen, und ein Bruch ist bedingt heilbar.

Durch das Knochengerüst erhält unser Körper seine Gestalt und Haltung, die Bewegungen des Skeletts sind im allgemeinen gleichbedeutend mit der Bewegung des ganzen Körpers. Im großen genommen enthält der Bau dieselben Hauptbestandteile wie bei allen Säugetieren, doch überall bestimmt die Abweichung der Konstruktion die spezifische Bewegungsweise der Art; trotz aller Ähnlichkeiten ist der Mensch noch etwas anderes. So bleibt bei Pferd, Kamel, Laufvögeln, selbst beim Elefanten das stets gewinkelte Bein mehr oder weniger verborgen in der Körpermasse, überdimensioniert in die Länge gestreckt sind dagegen die Fußknochen, bei Huftieren die Mittelhandknochen zu einem einzigen verwachsen. Keine Einzelheit ist im hier geltenden

Blickpunkt »sub specie aeternitatis«, für das Ganze unwichtig. Wie die Federung der aufrechten Wirbelsäule, so gehört auch die Fußwölbung zum optimal Menschlichen, darin kommt mehr als nur ein Organ für Stütze und Halt zum Ausdruck. Die bei Affen den Greiffuß bildende Stellung der großen Zeh findet sich verwandelt in eine solche, die den stärksten Gegenstützpunkt des Gewölbes zur Ferse abgibt. Der Grundbedingung einer vertikal gestellten Achse, daß die unteren Organe das Ganze stützen müssen, wird ein differenzierter Anlageplan gerecht. Diese Aufgabe erfordert Verdichtung, Verhärtung. Aber welcher Unterschied bei Pflanze und Mensch, außer daß die Pole der Achse umgekehrt liegen! Bei jener die Statik fester Verankerung, verdickter Stamm oder verholzter Stengel, gehalten durch das Wurzelwerk im Boden, bei diesem federnde Bewegungsfreiheit, die in jeder Ganglage oder im beliebigen Stand das statische Gleichgewicht herzustellen erlaubt. Befreit sind die oberen Extremitäten von der Gehleistung und das voll entfaltete Hebelprinzip macht sie zu Greif-, zu Arbeitsorganen, ausgestattet mit dem Universalwerkzeug der Hand. Naturgemäß ist der obere Pol einer solchen Achse am meisten entlastet von der Bezugnahme auf Materialität und Schwere, bei der Pflanze ist dies der Geschlechts-, beim Menschen der Kopfpol. Hat der Kopf der Pflanze einen unverrückbaren Standort und strebt er in die Erde hinein, so kann der Kopf des Menschen, die Stütz- und Greiforgane regierend, den ihm genehmen Standort wählen und weist richtungsmäßig von der Erde weg.

Anpassung an äußere Bedingungen im Sinne von Veränderung der Gestalt muß beim Skelett als sekundär gewertet werden, gehört mehr zum Thema »Verwachsungen«, »Berufsschäden« usw. Der Grundsatz ökonomischer Anpassung ist aber im inneren Bau der Knochen verwirklicht. Ihre Aufgabe, teils Stütz-, teils Schutzfunktion, erfüllen die Knochen um so vollkommener, je mehr Festigkeit sie haben. Nicht überall ist dieselbe Festigkeit nötig; der Knochenbau zeigt sich eingestellt auf den darin erforderlichen Grad und darauf, mit geringstem Aufwand an Substanz die größtmögliche Festigkeit zu erreichen. Die langen Knochen der Gliedmaßen sind auf deren Einwinkeln berechnet, die Substanz ist auf die Wände verteilt, im Inneren sind sie hohl. Durch Druck und Zug werden die Enden dieser Knochen, die Gelenke, beansprucht. Hier tritt das tektonische Meisterstück der Spongien auf, bei denen die Beanspruchung bzw. der zu leistende Widerstand in ingenieurhaft exakter Weise die Form bestimmt: nur die Zug- und Druckkurven der Meistbelastung sind durch Substanz ausgefüllt.

In unmittelbarem Zusammenhang mit diesem Führungsgerüst stehen die Bandverbindungen und Knorpelflächen bei den gegeneinander bewegten Knochen. Die so verbundenen Knochen haben eine Ruhelage zueinander, aus der sie nur durch Einwirkung größerer Kräfte gebracht werden können (Bänderriß); innerhalb der damit bestimmten Grenzen jedoch können sie frei jede Lage einnehmen, ohne daß äußere Kräfte dazu nötig wären. Hier kommt das Zusammenspiel der benachbarten Zeichen »Schütze« und »Steinbock« zur Geltung: fester Schluß der Muskeln drückt in den meisten Fällen die Knochen fest aufeinander, Sehnenbänder dienen als Verstärkung des Muskelschlusses. Der Gegenzug der Beuge- und Streckmuskeln erreicht infolge des Baues der mittleren Gelenke unserer Gliedmaßen eine vollkommene Geradestreckung, wie sie kein Tier hat. Die Beine werden beim Stand zu festen Säulen, die Arme beim Hängenlassen zu lockeren Pendeln, die sich während des Gehens entspannt winkeln und strecken können. Fast jedem Gelenk ist eine besondere Bewegungsweise eigen, die sich in Abweichungen von der Grundform bedingt. Die regionale Auffassung hebt einseitig das Knie hervor; funktional hat es eine gewisse Mehrbedeutung als stärkstes der mittleren Gliedergelenke, dessen Bau und Gebrauch entscheidend für die menschliche Haltung ist, doch gelten alle Scharnier- und Kugel-Pfannen-Gelenke als bevorzugte Entsprechungen (bei diss. Saturn- und Steinbockbetonung häufig Ablagerungen, Gelenkrheumatismus). Natürliche

Bewegungshemmungen sind Knochenhemmungen, das heißt sie erfolgen dadurch, daß Knochenteile aufeinanderstoßen. (Störungen, kombiniert mit »Schütze« diss.: Bänderhemmungen in Verbindung mit Muskeln, Muskelhemmungen durch bestimmte Gewöhnung der Muskeln, die in größeren Gruppen gemeinsam arbeiten.)

Im seelischen Bild kehrt die Substanzdichte dieses Zeichens positiv und negativ wieder. Egoistisch ausgewirkt bekommt das Erdhafte etwas Dämonisches, es bindet und drückt, der »Schätzesammler« wird seines Besitzes, der »Streber« seiner Erfolge nie froh, sie mühen sich seelisch atmosphärelos um nackte Tatsachen und ihr Bewegungsspielraum ist wieder von solchen umgrenzt. Die Kardinalität kommt erst im Dienst an einem übergreifenden Gesetz, in darauf bezogener Pflicht, Verantwortung und Grundsatzfestigkeit zur Geltung, bei erkannten oder dunkel geahnten Versäumnissen belastende Schuldgefühle. Das Eingestelltsein auf das Allgemeingültige kann leerer Konventionalismus sein oder aber unpersönliche Zielsetzung, Tendieren zu den Angelpunkten des gesellschaftlichen Baues. Dies Prinzip duldet am wenigsten das Weiche, locker Stimmungsbewegte des Gegenzeichens, sein Negativum sind Verhärtungen, Verkalkungen.

Wie das Skelett als Tragegerüst morphologisch auf das Schweregesetz abgestimmt ist, kommt in den Erfordernissen der Statik zum Ausdruck. Der menschliche Körper kann nur in einer solchen Stellung äußerlich ungestützt und sicher stehen, in der ein unbelebter Körper von gleicher Beschaffenheit stehen könnte; das Skelett als innere Stütze genügt diesen Erfordernissen und zugleich der haltenden Funktion in vollkommener Weise. (Analog: gewisse »Leblosigkeiten« der »Steinbock«-Psyche können genau betrachtet Sicherungen zur Aufrechterhaltung des ganzen Lebensbetriebs darstellen.) Der Schwerpunkt, das heißt alle Teile des Körpers auf einen Punkt vereinigt gedacht, liegt beim aufrecht stehenden Menschen etwa 4,5 cm über der gemeinsamen Achse der Hüftgelenke, 2 cm unter dem Promontorium (vorderer Oberrand des Kreuzbeins), also in der »Waage«-Region.

Den unmittelbaren Abschluß des Organismus gegen den Umraum bildet die Haut. An Stelle der primitiveren Form saturnalen Schutzes durch feste Umpanzerung (wie bei Krusten- und Schalentieren) haben wir ein kompliziert aufgebautes Organ, das elastisch ist, Ausscheidungen, Temperaturmeldungen usw. dient, die Schutzfunktion beschränkt sich hierbei hauptsächlich auf die Hornschicht.

Wassermann
(fix, luftig, tätige Form; Saturn, zusätzlich Uranus)

Bei einem Mineral würden wir das Fixe, Grundlegende nicht in seiner Erscheinung als feste Masse suchen, sondern in denjenigen Eigenschaften, die im Durchmachen der Aggregatzustände erhalten bleiben, die es in das periodische System der Chemie einordnen, in seinem kristallinischen Baugesetz und anderen ideenhaft darzulegenden Konstanten. Auch der Organismus hat derartige Konstanten, auf denen sein Eigentümliches unabhängig vom momentanen subjektiven Zustand beruht, zum Beispiel in der Zahlenbestimmtheit seines Baues. Wenn wir beim Menschen wie bei allen Wirbeltieren (mit wenig Ausnahmen) 7 Halswirbel vorfinden, weiterhin 12 Brustwirbel (unterteilt durch 7 bis zum Brustbein gehende und 5 »Fehlrippen«), 5 Lenden- und 5 Kreuzbeinwirbel und schließlich die 4 fast zu einem Knochen verwachsenen des Steißbeins, so gehört dies zu den unverrückbaren Maßstäben der Tektonik unseres Körpers. Als solche sind es saturnale Entsprechungen, nicht aber dem erdhaften, sondern dem luftigen Saturnzeichen zugehörig; darin ist bleibende Ordnung eines Wesens innerhalb seiner Beziehung zur Umwelt ausgedrückt. Wie in der Weltbeziehung weitesten Sinnes geistiges Leben zu solchen leiblichen Ordnungspunkten in Kontakt steht, kennen wir zum Beispiel aus Yoga-Praktiken in den höheren »Chakras«, den im oberen Rückenmark und seiner Verlängerung ins Haupt hinein lokalisierten geistigen Zentren; ist ihre bleibende Ordnung saturnalen Charakters, so weist der Vorgang des Wachrufens außernormaler geistiger Fähigkeiten durch sie auf die zusätzliche Geltung von »Wassermann« als Uranuszeichen.

Nach gewohnten physiologischen Begriffen stellt das Rückenmark die Verbindung zwischen den Systemen des bewußten und des unbewußten Lebens her; es geht selbst als verlängertes Mark in den Hirnstamm über, ferner laufen von jedem Wirbelsegment Verbindungen zum paarigen Strang beiderseits der Wirbelsäule, worin die Ausläufer des sympathischen Nervensystems zusammengeschlossen sind (Grenzstrang des Sympathikus, siehe »Jungfrau«). Ein Unterschied der Geschlechter liegt darin, daß bei der Frau das Rückenmark, stärker entwickelt, bis zum zweiten, beim Manne nur bis zum ersten Lendenwirbel geht.

Auch zur anderen allgemeinen Entsprechung des Lufttrigons steht »Wassermann« in Beziehung. Im normalen Verhältnis zum Umraum gibt es gewisse Druckkonstanten des Gasdrucks, auf die der Körper abgestimmt ist; der Ausgleich von Schwankungen wurde schon unter »Waage« berührt. Zum fixen Zeichen des Lufttrigons rechnet in diesem Zusammenhang die Erhaltung des Systems verschiedener Gewebsfestigkeiten, besonders da, wo ein Druckgefäll aufzuhalten ist, in den Gefäßen. (An Störungen, zum Beispiel wenn eine Ader platzt, ist Saturn diss. beteiligt, indem durch Kalkablagerung die Gefäßwände unelastisch wurden.) Sinnesmäßig reiht sich an der Körperperipherie der Drucksinn der Haut an, das heißt die Wahrnehmung von Druckgefällen durch die dort lokalisierten Druckpunkte.

Im Austausch von Gebrauchsstoffen reguliert dies funktionale Prinzip die Kontinuität des Gashaushalts innerhalb der für die Lebensfähigkeit geltenden Grenzen. In den Geweben geht beim Austausch zwischen Blut und Gewebsflüssigkeit stets Oxydation vor sich, welche die Kohlensäure bindet. Es werden pro Minute 400 ccm Gase aufgenommen und abgegeben. Dies ist möglich, trotz des geringen Druckgefälls, durch die große Oberfläche, die mit der Vielzahl der Kapillaren erzielt wird. Kohlensäureanhäufung bedeutet Giftwirkung, die auf das Atemzentrum im Nervensystem wirkt, von wo aus sich das Gleichgewicht reguliert (Zusammenarbeit des ganzen Lufttrigons). Die Sauerstoffspannung im Gewebe ist infolge des Sauerstoffverbrauchs sehr gering, in den Arterien höher, in den Venen geringer. Die Kohlensäurespannung dagegen ist im Gewebe hoch, da dort fortwährend Oxydationsprozesse stattfinden, höher als im Blut. Folglich muß aus dem Gewebe fortwährend Kohlensäure ins Blut übergehen. Umgekehrt liegen die Bedingungen in der Lunge (»Zwillinge« darin polar zum übrigen Körperraum). Der Transporteur des Sauerstoffs und der Kohlensäure zum Austausch ist das Blut (Gegenzeichen »Löwe«), von der Erhaltung seines Vorkommens hängt die stetige Fortführung des Gashaushalts ab.

Hier schaltet nun »Wassermann« mit einer weiteren Entsprechung ein, den Blutbildungsstätten im Knochenmark, embryonal in der Milz. Bezüglich der ersteren muß man die sinnvolle Einrichtung bewundern, wie an den geschütztesten Stellen der Lebensträger entsteht, sozusagen saturnal umschlossen das Solare entspringt. Bezüglich der zweiten kann man in dem für den Abbau der roten Blutkörper festgestellten Rhythmus von 28 Tagen eine alte Mysterienlehre bestätigt sehen, daß die Milz als Zeitregler den individuellen Lebensrhythmus an den kosmischen Rhythmus binde. Rote Blutkörper (Erythrozyten, ihr Farbstoff Hämoglobin) entstehen im roten Knochenmark, ebenso weiße Blutkörperchen (Leukozyten). In den ersten Lebensjahren bilden sie sich ferner in der Thymusdrüse, nach dem 2. Jahr nicht mehr. Ihre vornehmste Aufgabe, unter »Skorpion« besprochen, besteht im Durchwandern der Kapillarwände zur Jagd auf Fremdkörper. Zu einer typischen »Wassermann«-Störung gehört Leukämie, krankhafte Vermehrung der weissen, Verminderung der roten Blutkörper.

Etwas zu einseitig und summarisch hebt die astrologische Tradition die Beziehung des Zeichens zu den Unterschenkeln hervor. Funktional trifft eine solche insofern zu: fast die ganze Last des Körpers ruht beim aufrechtstehenden Menschen auf den Unterschenkeln und da diese über die Fußgelenke etwa 5 Grad vorwärtsgeneigt sind, ist ein erheblicher Zug nach hinten nötig, um den Druck der Körperhaltung auszugleichen. Die Wadenmuskeln haben eine Spannung zu halten, die das $1\,^{1}/_{2}$fache des ganzen Körpergewichts bewältigt, gleichzeitig müssen auch die Schienbeinmuskeln einen Gegenzug leisten. Hierin, genau genommen in der Zusammenarbeit zwischen »Schütze«-Dynamik und »Wassermann«-Halt gegenüber dem Naturgesetz der Schwere, liegt die Voraussetzung unseren senkrechten Stands. Die Ausbildung der Wade ist eine spezifisch menschliche Bildung, die bei Tieren, auch bei den Affen, fehlt. Bekannt sind als »Wassermann«-Störungen (besonders bei Sitz- und Stehberufen) Krampfadern, Venenentzündung, Thrombose an den Waden. Hierbei sind nicht die Muskeln, sondern diejenigen Blutgefäße betroffen, in denen das Blut gegen seine Schwere zum Herzen zurückströmt; die Zusammenarbeit mit »Schütze« fördert diesen Rückstrom, indem hinreichende Muskeltätigkeit die Gefäßwände massiert.

Ein Bezug auch der Wadenmuskeln zum Umraum-Quadranten besteht darin, daß sie beim Gehen ausschließlich die Hebelkraft entgegen dem Gesetz der Schwere zu leisten haben; bei der schnellen Gehbewegung und beim Laufen ist es nicht allein das Abheben vom Boden, sondern hinzu tritt das Abfangen des Schwungs durch andere Partien. Zu »Wassermann« gehört hierbei wieder nicht die Muskelarbeit als solche, sondern dem luftigen Charakter gemäß die allgemeine, in der Bewegung (besonders lebhafterer wie Tanz, Diskuswerfen usw.) beliebig »fließend lokalisierte« Schleuder- und Schwungkraft, das heißt die Auswertung der Eigenschwere innerhalb von Bewegungen vermöge einer Koordination der Muskelgruppen durch Nerven. In den Entsprechungen der oberen Ebenen kehrt dies wieder im eigentümlichen Beschwingtsein des »Wassermann«-Typus, das nicht affektiver Art ist (wie bei »Schütze«, dem Ziel vorausjagend), sondern auf intelligentem Ausfindigmachen des jeweiligen Punkts geringster Widerstände sowie intuitiv benutzter Eigengesetzlichkeit der Dinge beruht: eine unsentimental und unpathetisch schwerelose Haltung gegenüber den Mühen des Daseins, geistiges Enthobensein.

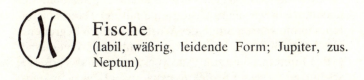 **Fische**
(labil, wäßrig, leidende Form; Jupiter, zus. Neptun)

Im Endzeichen des ganzen Kreises, dem labilen des IV. Quadranten, haben wir nun die End-Auseinandersetzung mit umräumlichen Bedingungen zu suchen, sozusagen den äußersten Ausschwung unseres Aktionsradius. Die morphologische Blickweise lenkt uns zunächst auf Hände und Füße als zentripedalste Körperteile; jene greifen am weitesten in den Umraum hinaus, wegstrebend vom jeweils möglichen Schwerezentrum; diese, gebaut nach dem Prinzip der Federung, halten fast dauernden mechanischen Kontakt mit dem Boden. Die regionale Auffassung betont meist einseitig die Füße als Träger der Körperlast, sieht darin das Belastete, oft »Getretene« der »Fische«-Psyche gespiegelt, die Hände für die Intelligenz- und Zweckbezüglichkeit von »Zwillinge« vorbehaltend. Indes liegt auch im Wesen des »Fische«-Zeichens ein Zweierlei, aber nicht im Sinne polarisierter Funktionen, sondern der Unterschiedlichkeit von gröber und feiner. Die Stütz- und Abhebeaufgabe der Füße unterscheidet sich darin von derjenigen der Hände, die normalerweise vom Bodenkontakt enthoben sind: ihnen als bevorzugten Organen des Tastsinns kommt eine feinere Kontaktaufgabe zu. Es handelt sich beim Getast um die in den sogenannten Tastpunkten der Haut, am dichtesten in den Fingerspitzen vorhanden, entstehende Berührungsempfindung. Da für jede berührte Stelle eine besondere Empfindung entsteht, ist sie mit der Vorstellung vom Ort der Empfindung verbunden.

Dieser raumbezogene Sinn der Haut stellt eine der physiologischen Wurzeln unserer Raumvorstellung dar. Sowohl die Vorstellung eines Orts als solche bildet einen Übergang zur Entsprechung oberer Ebenen, als noch mehr die Kombination vieler derartiger Orte zu einem abgetasteten Volumen, wenn wir einen Gegenstand mit der Hand umgreifen, ihn im wahren Sinne des Worts »räumlich begreifen«. Das Erfassen des Volumens in der Hohlform bringt das negative Jupiterzeichen zum Ausdruck, während das positive, »Schütze«, in seiner projektiv-expansiven Bewegung selbst Volumen, einen Aktionsraum, schafft. Hierin veranschaulicht sich das verschiedene psychische Raum-Erlebnis der beiden Jupiterzeichen: »Fische« erlebt sich »im« nie endgültig auszutastenden, im »unendlichen« Raume befindlich, »Schütze« gestaltet sich »in den Raum hinein«, einem projektiven, durch die jeweilige Zielsetzung abgesteckten Raum.

Weitere physiologische Wurzeln der Raumvorstellung sind planetar, liegen in den Sinnesentsprechungen für Sonne und Saturn, Gesicht und Gehör. Saturnale Voraussetzung unserer räumlichen Orientierung: Schallrichtung sowie die durch Beschaffenheit des inneren Gehörgangs ermöglichte Vertikaleinstellung des Körpers, oben–unten als Hauptsache des Koordinatensystems. Solare Voraussetzung perspektivischer und plastischer Gegenstandserkenntnis: das durch Kreuzung der beweglichen Sehachsen ermöglichte stereoskopische Sehen, Verknüpfung der Netzhautempfindungen mit den feinen, Stellung und Bewegung des Auges begleitenden Muskelempfindungen. Insofern nun Berührungsreize den unmittelbarsten realen Kontakt mit einem »Außen« herstellen, ist das Getast als ein den komplizierten Sinneswerkzeugen vorangehender Ursinn zu betrachten; auf ihm beruht der Raum, in dem auch der von Geburt aus Taube und Blinde lebt. Auf seiner Basis verschmelzen alle Sinnesempfindungen, durch die er angereichert wird, zur vorgestellten Außenwelt. Hiermit kommt einerseits der Halbbogen von »Waage« her, der harmonischen Zusammenschaltung, zum Abschluß, anderseits liegt darin die Voraussetzung zum Einsatz des anderen Halbbogens in »Widder«, der ichhaften Willensäußerung.

Als Endzeichen des Wassertrigons kann »Fische« am wenigsten werkzeughaft lokalisiert werden, weil es den Sinn des organischen Chemismus in universeller Weise zum Ausdruck bringt. Im erdhaften Gegenzeichen »Jungfrau« hatten wir die konkrete Nahrungsübernahme, der Darminhalt ist streng genommen noch »Umwelt«, »Stoff an sich«; assimiliert und in das laufende Getriebe des Organismus einbezogen, hat er nun jene laufende Getriebe des Organismus einbezogen, hat er nun jene Verwandlung durchgemacht, durch die er als Blutwasser und als die den Kern jeder Zelle umgebende Hülle zur bildefähigen »lebenden Substanz« wurde, zum Plasma. Das darin wirksame proteushafte Formveränderungsvermögen des Organischen stellt die allgemeinste Entsprechung von »Fische« dar. (Diss. Erscheinungen: Wucherungen, Ödeme, Zersetzung der Gewebsflüssigkeit.)

Verknüpft mit dem vorigen finden wir dies in der fruchtbaren Formphantasie, den Tagträumereien des »Fische«-Typus wieder, die mit besonders lockerer Bereitwilligkeit innere Regungen bildhaft in den »Raum des Möglichen« hinausstellen, verstehen auch den Drang des weiblichen Typus, das Geliebte von Zeit zu Zeit zu berühren, wie um sich des realen Vorhandenseins zu versichern. Allzunahe liegt oft die phantomatische Entgleisung, die Halluzination (zusätzliche Geltung als Neptunzeichen); anderseits gibt es eine humanisierende Rolle der »sanften Täuschungen«, indem das Illusionäre über egoistische Zwecke hinausgreift und Verbindungen schafft, wo sonst keine zustande kämen.

Motorische Anspannung dürfen wir nicht erwarten, im Gegenteil gehört hierher das Relaxationsbedürfnis des ganzen Körpers, kennzeichnend für den »Fische«-Typus, seine schlaffe Haltung. Dieses vor allem auch seelische Entspanntsein bildet die Voraussetzung des allseitigen »auf-sich-einwirken-lassens« der Welt in hochgradiger Sensibilität. »Fingerspitzengefühl« ist dafür ein mehr umschreibender Ausdruck, am häufigsten unter allen Zeichen finden sich Außersinnliche Wahrnehmungen, mediale und psychometrische Begabung. Angeschlossen ist die Empfänglichkeit für feinstoffliche Vorgänge, Emanationen, Strahlungen, atmosphärische Einflüsse. Gegenüber dem »elektrischen« Gespanntsein des »Schütze«-Typus ankert »Fische« mehr im eigenmagnetischen Feld des Körpers, im ganzen stärker aufnehmend als abstrahlend.

Das oft Dezentralisierte dieser Wesenshaltung führt uns wieder auf das Analogon der Hände und Füße zurück. Zu ihnen bestehen die weitesten Wege für die Blut-, Lymph- und Nervenbahnen; dementsprechende Leiden, besonders Kältegefühl an den Extremitäten, kennzeichnen typische Störungen.

Das Ergebnis

Als Ergebnis unserer Untersuchung und Darstellung bisheriger Erfahrungen dürfen wir behaupten, daß die Kluft zwischen der vorwissenschaftlichen astrologischen und der wissenschaftlichen Schulmedizin nicht unüberbrückbar ist. Trotz so verschiedener Ansätze im Erfassen der Organik unseres Leibes gibt es vielmehr mannigfache Berührungspunkte, wenn wir die Überlieferung des antiken und mittelalterlichen Weltblicks in einem neuen Lichte sehen, genauer gesagt, einen den Zusammenhang überhaupt erst ermöglichenden Ordnungsgedanken anwenden. Dieser kosmobiologische Gedanke wird nicht nur Überlieferung fruchtbar machen und weiterbilden, sondern manches aus bisher nicht bedachtem Blickwinkel anleuchten und dadurch heutiges Wissen ergänzen nach Richtungen hin, die von der lange herrschenden analytischen Mechanik ausgeschlossen wurden.

Der Wert so gewonnener Einsichten erschöpft sich nicht in der Anwendung auf die Medizin. Durch die vermittelte genauere Kenntnis vom leiblichen Unterbau seelischer Wesensgefüge, wie wir sie im Kosmogramm deuten, dringen wir tiefer ein in die innere Einheit unserer Existenz. Diesen heute viel gebrauchten Begriff verstehen wir allerdings anders, als nur bezogen auf das direkte Bewußthaben davon, wenden jedoch mit dem Kosmogramm zugleich das Mittel an, untergründige Zusammenhänge auf indirekte Weise uns bewußt zu machen.

Vieles ist noch zu tun, doch hoffe ich, mit der vorliegenden Arbeit einen gangbaren Weg gewiesen zu haben.